公共管理创新与发展丛书

中国公用事业
双重垄断特征和规制研究

Research on Characteristics and
Regulation of China Public Utilities Dualistic Monopoly

修国英 著

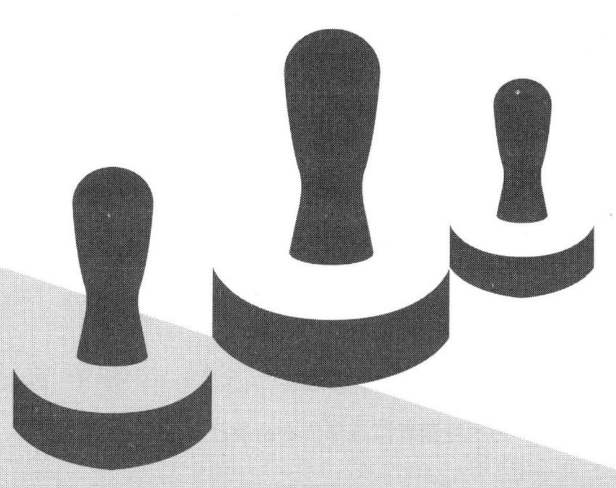

经济管理出版社
ECONOMY & MANAGEMENT PUBLISHING HOUSE

图书在版编目（CIP）数据

中国公用事业双重垄断特征和规制研究/修国英著．—北京：经济管理出版社，2017.5
ISBN 978－7－5096－5077－6

Ⅰ.①中…　Ⅱ.①修…　Ⅲ.①公用事业—垄断经济学—研究—中国　Ⅳ.①F299.24

中国版本图书馆 CIP 数据核字(2017)第 081700 号

组稿编辑：杨雅琳
责任编辑：高　娅
责任印制：黄章平
责任校对：赵天宇

出版发行：经济管理出版社
（北京市海淀区北蜂窝 8 号中雅大厦 A 座 11 层　100038）
网　　址：www.E－mp.com.cn
电　　话：（010）51915602
印　　刷：北京玺诚印务有限公司
经　　销：新华书店
开　　本：720mm×1000mm/16
印　　张：14.25
字　　数：218 千字
版　　次：2017 年 5 月第 1 版　　2017 年 5 月第 1 次印刷
书　　号：ISBN 978－7－5096－5077－6
定　　价：68.00 元

前　言

中国公用事业经历了计划经济向市场经济转轨的阶段，其具有不同于国外公用事业自然垄断的特征。在计划经济时期，几乎所有的行业都由国家垄断，改革开放以来，国家垄断逐渐被打破，政府相继放松了对企业的干预，中国公用事业出现了竞争局面。但是，一方面，政府对于一些仍然处于垄断地位（自然垄断）的企业未按照市场经济的规则给予足够的管制；另一方面，各级政府部门常常以行业管理和维护市场秩序为名，通过法令、政策、行政手段从事各种各样限制竞争的活动（行政垄断），这无疑极大地损害了经济运行的效率。本书从一个全新的视角研究中国公用事业的垄断形式，提出了自然垄断和行政垄断共存的双重垄断概念。本书的主要研究目的是建立针对中国公用事业双重垄断特征的规制模式和评价方法。本书将以中国公用事业为重点，对双重垄断的概念、模型、规制方法和规制影响评价等理论展开研究，并以电信行业为案例，对双重垄断模型及相关理论进行验证。本书的研究有助于丰富和完善产业经济学关于自然垄断、行政垄断的研究。双重垄断模型的建立与规制方法有助于降低公用事业交易成本，提高社会福利，对于推动中国公用事业产业规制改革活动全面有序的发展也具有积极的作用。

公用事业是指用于生产、流通和居民生活的各项事业的总称，其范围包括供水、供热、供气、城市公交、排水、污水和垃圾处理、园林绿化、环境卫生等市政公用事业，以及电信、供电、邮政、铁路、公路、水路和民航运输等行业。本书首先对国内外的有关垄断方面的理论进行分析和研究，并在理论研究的基础上，结合经济社会中存在的实际现象，提出双重垄断的概念，然后对双重垄断的形成机理进行研究，并探讨了公用事业规制的一般理论和规制中存在的一般问题。

本书将构建双重垄断模型，并以其为基础对中国公用事业中的双重垄断现象进行研究。双重垄断模型可以细分为三个维度，分别为自然垄断程度、行政垄断程度和双重垄断形式。本书将给出双重垄断形式和程度的判别方法，根据此方法可以对行业的双重垄断现象进行定位。本书还将探讨双重垄断的稳定性问题和内外部演化问题。双重垄断模型的稳定性与否取决于自然垄断的可维持性或不可维持性、行政垄断的合理性或不合理性。本书将利用电信行业对双重垄断模型及相关理论进行实证分析。

政府必须对双重垄断进行规制，以消除或避免双重垄断带来的不利影响。因此，针对中国公用事业双重垄断规制存在的问题，本书将对中国公用事业双重垄断的规制模式进行研究。构建了双重垄断规制模型，并从双重垄断中行政垄断属性存在的合理性和不合理性两个角度出发，提出了公用事业双重垄断规制的政策建议。

规制运行中往往出现规制失灵，造成经济或社会损失，双重垄断规制也不例外。因此，本书将对双重垄断规制的制定、实施、结果进行评价，避免出现规制失灵状况。双重垄断规制的评价应对规制的制定、实施和影响进行全程评价。因此，本书所构建的双重垄断规制影响评价模型应该包括三个层次：规制的制定阶段评价、规制的实施与监测阶段评价和规制的效果阶段评价。规制影响评价指标也应该与这三个阶段进行对应。

本书的研究将丰富产业经济学关于自然垄断、行政垄断的研究。本书所提出的双重垄断模型将有助于降低公用事业交易成本，提高社会福利，推动中国公用事业产业规制改革活动的发展。

目录

第一章

绪论

第一节　研究背景及问题提出

一、研究背景

自 20 世纪 70 年代以来，西方国家对于各国国内公用事业进行了一场声势浩大的“规制改革”，最主要的是在电力、电信、邮政、供水等公用事业为主的产业引入竞争机制，提高这些行业的经营效率、服务质量。从这场运动的结果来看，美国通过放松规制的改革，取得了巨大的收益，到 1990 年为止共获得了 400 亿美元的社会经济收益，公用事业的经营效率和服务质量也明显改善。如 1978 年美国《公用事业规制政策法案》要求电力机构从独立的发电厂购买电力。这一规定使得电力产业向更具效率的发电厂敞开了大门，那些使用生产过程中的废弃热力而只需少量投资的复合循环式汽轮发电机也得到了普遍采用，当然许多独立的电力工程继续采用传统技术。这种将电力生产与输变电划分开来的垂直分解法能够使大量新企业参与电力生产，从而提高了电力产业效率。

从这场运动的理论根源来看，在延续至今的规制改革过程当中，对于公用事业自然垄断特征的认识，及相应规制理论的发展，成为这次西方国家规制改革成功的最重要因素。从 John Stuart Mill 的《政治经济学原理》到现在，自然垄断的内涵与外延已经发生了根本变化。对于产业自然垄断经济特征的认识从规模经济、范围经济、成本次加性，从单产品假设到多产品现象研究，自然垄断理论研究不断深入，对于产业特征的认识更加全面。在对自然垄断现象研究的基础上，以马歇尔为代表的学者发现了“马歇尔悖论”，即自然垄断由于规模经济、范围经济的存在，会带来某些正面的经济效率，如由于投资—规模函数呈现 $K/K' = (Q/Q')^n$ 的关系（式中 Q、Q'代表规模，K、K'代表总投资，$n>1$ 为系数），从而导致生产效率提高。由于范围经济的存在，产生外在经济的内部化，形成源于多种业务活动之间的一系列外在规模经济效益，有利于充分利用市场潜力和生产潜力，优化企业产业间的关联方式，节约市场交易费用。但是自然垄断具有上述优势的同时，不可避免地也会带来负面的经济影响。美国经济学家 Leibenstein 认为处于独占地位的垄断企业明显存在着超额的单位生产成本，不但产生市场配置低效率，还会产生另一种非配置低效率——X 非效率（X - inefficiency）；还包括政治寻租、交叉补贴等负面影响。正因为自然垄断行业中存在的这种悖论，使政府陷入一种社会福利与企业效率取舍的两难困境，才产生对自然垄断行业进行规制的需求。

随着对自然垄断行业的经济特征认识的不断深化，对这些行业规制的方法也在不断增加，目的性不断明确，效果更加明显。从以实际发生的成本为基础进行核算的公正报酬率规制，到规制失灵的存在，引发的放松规制、缩小规制范围等改革活动，直至西方国家普遍引入的激励性规制方式，如价格上限规制、区域间竞争、特许投标制等，对于促进行业提高生产效率和经营效率，遏制社会福利损失现象发挥了积极作用。

中国公用事业规制体制的改革无法照搬国外现成的实践与理论。中国公用事业经历了从计划经济向市场经济转轨的阶段，其具有不同于国外公用事业自然垄断的特征，而是存在着自然垄断和行政垄断特征的双重垄断行业。在计划经济时期，几乎所有的行业都由国家垄断。改革开放以来，国家垄断逐渐被打破，政府减少了对企业的干预，大部分行业出现了竞争局面。但是，一方面，政府在对一些仍然处于垄断地位（自然垄断）的企业未按照市场经济的规则给予足够的管制，导致政企不分的垄断者自行其是，滥用垄断优势；另一方面，各级政府部门常常以行业管理和维护市场秩序为名，通过法令、政策、行政手段从事各种各样限制竞争的活动（行政垄断），如对本不属于自然垄断的行业实行进入限制，对不同企业之间实行歧视性对待等，这无疑极大地损害了经济运行的效率，而且随着中国经济的高速发展，社会各行业对于公用事业所提供的服务数量和质量要求越来越高，政府迫切需要根据中国公用事业自身的特点研究规制改革模式，提高公用事业经营效率，降低成本，增加活力与创新能力。

因此，本书将在详细分析国内公用事业双重垄断自身特点及与国外公用事业行业差异的基础上，有目的、针对性强地制定中国公用事业规制改革模式。要立足于产业经济学的前沿理论，从自然垄断和行政垄断的整体角度分析中国公用事业经济特征，建立公用事业双重垄断模型。有针对性地设计规制框架与规制模式，最终实现社会福利的增加。

二、研究目的和意义

本书的主要研究目的是建立针对中国公用事业双重垄断特征的规制模式和评价方法。因此，本书完成的研究工作包括：双重垄断及其形成机理；建立中国公用事业双重垄断模型及其实证；提出中国公用事业的规制模型和方法体系；提出双重垄断规制影响的评价方法。

本书研究具有以下意义：

第一，本书的研究有助于进一步丰富产业经济学关于自然垄断、行政垄断的研究。由于自然垄断是国外公用事业的主要存在形式，因此对于自然垄断经济特征及规制方法的研究成为国外学术界、产业经济学界的重点研究内容。但是国内开始对公用事业规制的理论与方法研究也只有近10年时间，并且研究成果也局限于对国外自然垄断理论与规制方法的引进，没有形成针对中国公用事业垄断现象的完整研究。到目前为止，绝大多数研究都还是侧重于自然垄断产业的特征与规制方法研究，只有少数学者注意到中国公用事业还存在着行政垄断的现象，造成中国公用事业规制改革缺乏理论基础和相应的方法论指导。本书通过对中国公用事业发展研究，从历史角度引出双重垄断概念，依据产业经济学最新的关于自然垄断经济特征的成本次加性模型和行政垄断模型，建立中国公用事业整体性双重垄断模型。最后以双重垄断经济特征为基础，设计中国公用事业规制改革模式。通过整合与扩展产业经济学垄断理论，希望为国内公用事业的发展探索出一条新思路。

第二，双重垄断模型的建立与规制方法有助于降低公用事业交易成本，提高社会福利。公用事业属于关系国计民生的重点产业，对公用事业的改革是近期政府重点关注的领域。双重垄断现象及其规制方法的研究，可有效地解决政府财政支出负担，提高生产效率与服务质量，激发提供公用事业服务的主体积极性和主动性，实现竞争与效率并存，从而极大地降低公用事业行业交易成本，充分体现了规模经济效应，增加了社会整体福利。同时，由于中国经济的高速持续发展，对于中国公用事业特征的正确认识与改革方法设计，已经成为决定公共服务能否支持中国经济继续腾飞，满足大众民生需求，建设和谐社会的关键，对中国公用事业的规制研究已经变得刻不容缓。

第三，本书的研究将直接有助于推动中国公用事业产业规制改革活动全面有序的发展。双重垄断理论的研究有助于打破中国公用事业政企分开，垄断格局分拆的局面，对于哪些环节采取哪些规制手段提供清晰思路。解决中国公用事业规制过程中，为什么规制、由谁规制、规制什么、规制谁、规制效果如何等问题。而这些问题涵盖了中国公用事业改革的基本方面，在本书建立的基本模式框架中，有助于将中国公用事业规制改革由局部改革向整体推进转变。

第二节 国内外研究现状及分析

一、产业经济学关于产业垄断研究现状

在产业经济学界，对于垄断问题有着明确的划分。根据垄断的起源和基本特点，目前中国经济中存在自然垄断、行政垄断、市场垄断及其相互混合形式。研究公用事业中的垄断性现象，需要对相关垄断理论与研究成果进行分析，结合中国国情建立适合中国公用事业垄断特征的模型。

1. 自然垄断产业研究现状

（1）传统自然垄断认识与发展。有关自然垄断理论的文献主要参见产业经济学论著，还散见于公共设施经济学、政府管制理论和反托拉斯经济学等论著。John Stuart Mill 认为“地租是自然垄断的结果”。Thomas Farrer 提出自然垄断必须具有以下特征：①该产业提供社会所需的生活必需品或服务；②该产业的厂址有天然优势，其地域特性能带来地域租金；③产品不可储存，无法以物资储存应对需求波动，如果需求发生变动，而产品与服务都无法储存，就需要根据需求高峰来调整生产能力，或对需求实行定量配给；④资本密集，存在规模效益；⑤与用户有直接连接关系，需要协调的供给安排，而这种供给制度只能在垄断条件下才能实现。

现代较早期的经济学对自然垄断基本上是在规模经济层面上理解的。Greenwald 指出，自然垄断是一种自然条件，它恰好使市场只能容纳一个有最适度规模的公司。自然垄断能否存在的决定性判断标准是，市场需求必须小到只要有一家成本不断降低的公司就能满足。在企业的生产函数呈现出规模报酬递增、成本递

减的条件下，一方面，原来最先进入该产业部门的企业，生产规模越大，成本就会越低，因而必然具有把生产规模扩大到独占市场程度的要求；另一方面，在垄断企业已经存在的情况下，任何新的企图进入该产业的企业，成本最初都比较高，因而无法与已有的垄断者进行竞争。在这种生产部门，因为生产技术的性质本身所决定，不可避免地会产生垄断。并且由一个企业大规模地生产比几个小规模的企业同时生产能够更有效地利用资源。

Clarkson 和 Miller 等认为自然垄断的基本特征是，在一定的产出范围内，生产函数呈规模报酬递增（成本递减）状态，如果规模经济足够大，使得长期平均成本曲线在相应范围内向下倾斜，那么这仅有的一家厂家能够生存下去。这个幸存者就会把产出扩张到最大，并因而达到平均总成本的最大下降，它可用廉价出售的方法来竞争，最终把对手都挤出该行业。这种情况形成的垄断就是自然垄断。

其他关于自然垄断特征的认识还包括，Waterson 认为，自然垄断是这样一种状况：单个企业能比两家或两家以上的企业更有效率地向市场提供同样数量的产品。而 Sharkey 和 Baumol 等则认为，自然垄断最显著的特征是由单一企业在某范围内垄断供给某产品时，尽管存在规模不经济，但由此而增加的成本小于全社会因竞争供给而损失的成本特性。Chang H. H. 和 Mashruwala R. 采用数据包络分析法，利用 1947 ~ 1977 年的全年时序数据对贝尔系统的自然垄断进行重新分析。

Ephraim Clark 和 Joshy Z. Easaw 研究了在成本下降，总收入不确定的情况下，自然垄断网络定价的最理想方法。Buchnev 探讨了提高自然垄断行业产品价格的细节。Bo Yang 和 Xiao - Wo Tang 等分析了自然垄断行业的价格规制和效率缺失，同时比较了在调控和非调控情况下的消费盈余及社会福利的变化。

Sajfullin 研究了自然垄断行业固定资产的革新。Clark E. 和 Easaw J. Z. 研究了在成本下降，总收入不确定的情况下，为自然垄断网络定价的方法，他们认为机会成本应建立在无风险回报率的基础上。O. O. Ivashkina 和 A. V. Karibskii 等对自然垄断发展过程中的经济安全控制问题进行了研究。

传统的自然垄断理论所描述的自然垄断基本特征大致归纳如下：

其一，规模经济性（包括成本导致的规模经济和网络系统导致的规模经济）。自然垄断企业的平均成本随产量的增加而持续下降，如果把某种产品的生产全部交给一家垄断企业来生产，对社会来说总成本最小。或由于网络供应系统存在，规模（使用者数和距离）越大，越需要庞大的固定资本投资。如果在一个地区同时建设多个网络，就会造成资源的巨大浪费。

其二，大量的沉没成本。在自然垄断产业，巨大的沉没成本构成了较高的进入壁垒。自然垄断产业在设备和基础设施方面需要数额巨大的投资，固定资本一旦形成，这些资本沉没在这个产业很难再收回。

传统对自然垄断产业的理解都是假定自然垄断厂商只提供一种产品或服务。利用成本函数来表现自然垄断经济特征如图 1－1 所示：某产品在竞争条件下的市场供应曲线是若干家企业的 $\sum MC$，它是这几家企业边际成本曲线的水平加总线；P_c 是均衡价格；Q_c 是均衡产量。若假定这几家企业被一家垄断企业所替代，如果确实存在巨大的成本优势，新的边际成本曲线（即垄断者的 MC）将全部落在原来的产业供应曲线之下。垄断者若以边际收益等于边际成本的原则确定产量 Q_m，并制定相应的价格 P_m，就能以较低的价格提供更多的产品，从而能增加社会福利。

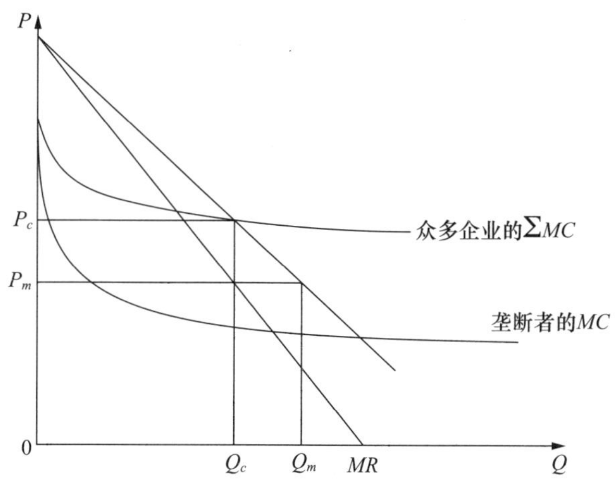

图 1－1　竞争和有巨大成本优势的自然垄断

但是基于规模经济的传统自然垄断有其局限之处，其理论假设是垄断行业只存在一种产品或者服务。现实生活中的大多数行业并非仅仅生产一种产品，而是同时生产多种产品。传统规模经济垄断理论对这种现象无法解释。

（2）现代自然垄断认识与发展。从自然垄断理论的前期发展过程可以看出，学术界从 Thomas Farrer 对自然垄断特征的定性描述，已经转移至定量描述。已不再满足于从多个方面泛泛地谈论自然垄断问题，而是把一切成因都收敛于经济特性的分析上，最终将自然垄断归结为规模经济的技术特征。这样，自然垄断赖以形成的自然因素或自然条件就完全被舍弃了，它们的存在与作用就只能通过规模经济得到说明和体现，以规模经济为理论基础和根本出发点，经济学家们建立了比较成熟的传统自然垄断理论。

当代经济学家对将规模经济看作自然垄断成因的观点提出了质疑。这种质疑始于对范围经济和成本次加性的认识：J. Bonbright 曾指出范围经济在自然垄断形成中的作用。他认为，对于某些公用设施的服务来说，即使在单位成本上升的情况下，由一家企业提供服务也是最经济的。A. E. Kahn 进一步指出，对将自然垄断理解为不断下降的平均成本或规模经济的观点应持谨慎态度。M. G. Fugini 和 E. Orlandi 认为市场的反调节使得很多自然垄断行业（如供能、供气、供水、电信行业）也被迫参与竞争。

综合以上研究成果，可得出：

第一，自然垄断的最显著特征应该是成本的次加性，任意产量水平上存在严格的成本次加性是自然垄断的充要条件，成本次加性是定义自然垄断的关键特征。无论对于单产品还是多产品来说，如果成本函数在相关的全部产量范围区间内具有次加性，就会导致自然垄断。因为无论其生产采取何种资源配置方式，只要多个企业的联合生产不及一个单一供给者提供相同产量时便宜，由一个企业来生产的成本总是最低的。

第二，在单产品情况下，某个特定产量区间内每一点都存在规模经济是平均成本曲线在该产量区间内严格下降的充分而非必要条件，即规模经济不再等价于平均成本曲线严格下降。

进一步地，在单产品情况下，如果在最大产出水平为Y的产量区间范围内平均成本曲线是严格递减的，则成本函数在产出水平Y具有严格次加性；反之未必成立。因此，单产品情况下，如果在所有产量区间范围内的每一点处存在规模经济，则在每一点成本函数都具有严格的次加性，即该产品是自然垄断生产；反之未必成立。也就是说，单产品情况下每一产出水平都存在规模经济只是该产品自然垄断生产的充分而非必要条件。这说明即使在单产品情况下，如果只是在一定产量区间范围内存在规模经济，并不一定能得到该产品是自然垄断生产的结论；必须在任意产出水平都存在规模经济时，才能保证该产品是自然垄断生产。另外，某种产品是自然垄断生产，并不是说该产品的生产过程一定是规模经济的；在规模不经济阶段，只要一个企业生产该行业全部产出的成本低于两个或两个以上企业生产同样总产出水平的成本，那么该产品就是自然垄断生产；而这时企业的生产可能处于规模经济阶段，也可能处于规模不经济阶段。

第三，在多产品情况下，规模经济与成本函数的严格次加性之间没有什么必然的联系。鲍莫尔提出，在任意产出水平，规模经济既不是成本函数严格劣加性的充分条件，也不是成本函数严格次加性的必要条件。范围经济是成本函数严格劣加性的必要而非充分条件。进一步，规模经济和范围经济同时存在也不能必然得到成本次加性，即规模经济和范围经济同时成立并不是成本劣加性的充分条件（Panzar）。

第四，由于任意产量水平上存在严格的成本次加性是自然垄断的充要条件，在多产品情况下，既然规模经济和范围经济与成本次加性之间没有必然联系，并不一定能够推出成本劣加性来，那么规模经济和范围经济也就不一定必然导致自然垄断。因此，在多产品情况下，规模经济既不是自然垄断的充分条件，也不是自然垄断的必要条件；范围经济是自然垄断的必要而非充分条件；规模经济和范围经济同时成立并不是自然垄断的充分条件。

2. 行政垄断研究现状

关于行政垄断的定义与特征在学术界存在许多争论，其中非常重要的一个争论方向就是行政垄断是不是中国特有的现象？根据已经发表的文献与论著，国内大部分学者认为行政垄断是中国特有的现象，在发达的市场经济国家，普遍存在的是经济性垄断。但也有学者认为“如果把行政垄断定义为政府对竞争的限制，那么行政垄断在西方国家也是普遍存在的；即使把行政垄断界定为政府对竞争的不当限制，也很难说只有在中国，或只有在经济体制转型国家才存在这种行政垄断”。本书认为行政垄断作为一种特殊的由政府行政机构、主管部门制定的规章制度，来限制行业行为，是属于中国经济转轨过程中特有的垄断行为。

（1）关于行政垄断主体的认识。第一种观点把行政垄断看作国家经济主管部门和地方政府的不利于竞争的行为，所指的行为不包括国家垄断。Yong Guo 和 Angang Hu 列出了中国行政垄断的实质、原因、形式、特征、规模以及带来的经济损耗。Xie B. 认为企业、财产权的侵占、行政垄断、私有经济的不发达、投资的低回报、落后的教育及基础设施等问题都与政府管理体系有着密切联系。Huang Y. 认为中国现行的工业组织政策应反对行政垄断，放宽对反对经济垄断的限制，尤其是为了工业发展而建立的普遍竞争机制。

第二种观点认为行政垄断是指凡与行政权力相关的垄断，认为行政垄断包括国家垄断。也有学者认为行政垄断是通过行政手段和具有严格等级制的行政组织维持的垄断。Dai - An Li 和 Chen Zhong 等分析了在中国铁路系统的市场作用、经济特征、自然垄断和行政垄断，他们认为在计划经济体制的长期影响下，中国铁路系统具有政府与企业联合管理的特征，统一的运营管理和自然与行政垄断都无益于社会公共福利。

第三种观点认为行政垄断主体包括所有与公共权力相关的垄断行为的实施者。行政垄断是“国家运用公共权力实施并保护的排除或限制竞争的行为”。是“政府凭借公共权力的行使来消除或限制市场竞争的行为”。

（2）关于行政垄断表现形式的研究。关于中国转型时期的行政垄断的表现形式和分类方面，学者们的观点大同小异，但基本意见一致。分为地方保护或地区性垄断、行业垄断或部门垄断、政府限制交易、行政性公司等几种。

行政垄断主要有两种表现形式：地区垄断和行业垄断。地区垄断指的是地方

政府或其职能部门利用其行政权力设立市场壁垒的行为。行业垄断指的是政府或政府的行业主管部门为保护其特定行业的企业及其经济利益而实施的排斥、限制或妨碍其他行业参与竞争的行为。有的学者认为行政垄断有三种表现形式，即行业保护主义或行业垄断、地方保护主义或地方封锁、行政性公司。行政垄断主要有行业垄断、地区垄断和其他利用行政权力实施的垄断。还有的学者把行政垄断分为四种或五种表现形式。王保树把中国的行政垄断分为：地方贸易壁垒、部门贸易壁垒、政府限定交易、设立行政公司四种。有的将其划分为行政公司垄断、地方行政垄断、国家指定专营、行政壁垒四种。张维迎认为“中国政府部门的反竞争行为主要表现在以下几个方面：对本不属于自然垄断的行业实行进入管制；对不同企业之间实行歧视性对待；特别是对私有企业和非直属企业实行歧视；由政府部门出面帮助企业进行卡特尔定价；对公共资源实行垄断；用行政手段实行地区间封锁”。宋则认为“扰乱市场秩序、限制公平竞争是行政化垄断的具体表现，甚至无处不在”。并列举了几个方面：①制造进入障碍和市场歧视，保护落后，阻止公平竞争。②保持双重身份，维持官商一体，热衷权钱交易，破坏竞争秩序。③公开设租，控制信息，从中渔利，排斥公平竞争等。Ernest J. 等把垄断与竞争市场、集中和非集中的行政管制看作影响信息革命传播的重要因素。

二、垄断行业规制模式研究现状

从自然垄断理论分析可知，自然垄断产业的存在使政府陷入一种社会福利与企业利益取舍的两难困境。按照传统自然垄断理论理解，规模经济及其带来的“边际定价矛盾”是传统自然垄断理论的核心和基本立足点，也是传统的自然垄断产业规制政策制定的主要依据。通过进入规制来干预无效竞争的加入，赋予特定企业的垄断供给权，有经济、政策上的合理性，同时对垄断企业进行价格规制，减少垄断定价、价格歧视、寻租等不利于资源配置效率或有损于消费者利益的现象。

但是随着自然垄断理论研究的深入，相应的规制方法与理论也有了极大的发展。Bo Yang 和 Xiao – Wo Tang 分析了自然垄断行业的价格规制和效率缺失，同时比较了在调控和非调控情况下的消费盈余及社会福利的变化。J. M. Quigley 研究了美国的规制和财产价值，以及垄断的高额成本问题。Weaver R. D. 研究了垄断规制、无市场影响等条件下的竞争技术定价及调整标准和分类问题。Luigi Brighi 和 Marcello D' Amato 对生产两种货物的垄断商的最理想调节政策以及双维的有关成本的私人信息进行了研究。规制理论作为治理自然垄断的方法，其最新研究成果主要包括三个方面：激励性规制理论、接入价格理论及在公用事业领域中的规制理论。

1. 激励性规制方法发展研究现状

目前，激励性规制理论已经成为规制研究实践中的重要方向，其主要思想认为由于规制者与被规制厂商之间存在着信息不对称，因此需要在委托—代理框架下分析规制者与被规制厂商的行为。被规制厂商了解成本、技术、市场需求等信息，而规制者对这些信息了解不足，因此，规制者应设计某种合同给被规制厂商以获得激励，使其在最大化自身利润的条件下所采取的行动能够实现社会福利最大化的目标。激励性规制理论将信息约束以及在信息约束下的委托—代理博弈和激励相容约束加入传统规制理论当中，形成新的规制方案。如 Baron 和 Myerson 以委托—代理理论为基础设计了第一个贝叶斯激励规制方案。贝叶斯机制利用规制者对于规制最优化问题参数的主观概率来描述规制者对信息的缺乏。由于主观概率性的存在，贝叶斯规制机制依赖于规制者的个人偏好及信息状况，即依赖于规制者对未知变量分布的评估。Baron 设计的激励规制方案对规制者不掌握被规制厂商成本信息、存在逆向选择背景下的最优规制进行了研究。

与贝叶斯机制相比，非贝叶斯机制的适用性更广，这种机制试图仅仅使用可观察的、可证实的数据，并且独立于特定规制者的影响。如 Sappington 在分析中加入了事后观察成本。Laffont 和 Tirole 在分析中加入了道德风险因素。设计激励规制方案来追求逐步改进现状、长期内收敛于最优。但是上述非贝叶斯机制对某些外界变化有着滞后反应，这会干扰向最优收敛的过程。

Littlechild 在一份关于英国电信规制问题的报告中首次提出的价格上限规制（Price Caps Regulation），设计了一种贝叶斯机制与非贝叶斯机制混合的规制方法。已经成为实践和理论研究中最广泛的规制模式。在基期价格的基础上确定一个价格增长率，并由此设定被规制厂商的价格上限，计算公式为：$P_t = P_{t-1}[1 + (RPI - X \pm E)]$。其中 P_{t-1} 为基期价格，RPI 为通货膨胀率，X 为技术进步率，E 表示外部成本变动因素，反映了被规制厂商不可控制的外部成本变动情况，在没有重大外部成本变动时，一般不做考虑。

价格上限规制是一种典型的剩余索取权合同和固定价格机制，该规制方式能够激励厂商通过技术创新、优化要素组合等手段降低成本、提高效率；同时，又赋予被规制厂商在不超过价格上限的情况下自由调整个别价格的灵活定价权，使厂商建立有效的价格结构，从而使成本回收的社会扭曲最小化，有利于提高社会配置效率。

对于价格上限规制而言，由于其 RPI－X 公式所蕴含的内在调整机制以及该规制方式的定期调整，因而具有较强的可行性。但是价格上限规制的定期调整导致了“棘轮效应”的出现。为了解决这种情况，研究人员对其进行了多方面的改进。Littlechild 设计的价格上限规制是建立在连锁的拉斯贝叶斯价格指数（Chained Laspeyres Price Index，连锁的拉斯贝叶斯价格指数使用最后一期的数量作为权数）之上的。这种价格上限有着合意的理论特性，即在静态假设下，价格收敛于拉姆赛价格。但是，Neu 和 Fraser 证明如果需求和成本变化太快，将不会出现这个结果。Lafont 和 Tirole 认为理想的价格上限权数将立刻导致拉姆赛价格，这些权数等于（或者成比例于）被正确预测的最优数量。但是在实际操作中，规制者缺乏制定这样一个理想的价格上限所需的必要信息。Vogelsang 提出将拉斯贝叶斯指数与帕舍指数（Paasche Index）的简单平均数应用于价格上限之中，这能够立即提高规制收入并加速向拉姆赛价格的收敛过程。其缺陷在于有可能收到策略性操纵，并且由于无法实现对其进行计算，因而需要进行事后的价格调整。Diewert 和 Fox 提出在价格上限中应用费舍理想价格指数（Fisher Ideal Price Index），他们认为在多种产出和多种投入的情况下，使用费舍理想价格指数公式是应用理论激励性规制方案最优吸引力的方式。

对于价格上限规制研究还包括 Vogelsang 考察了价格上限规制的灵活性与竞争性的关系。认为没有灵活性的价格上限意味着受规制厂商的价格结构缺乏灵活性，厂商受规制的每项服务都有各自的价格上限。在灵活的价格上限规制方案下，有可能存在策略性反竞争定价行为。Noel D. Uri 认为在定期检查调整计划参数下，价格上限计划能够保持接近目标回报率的投资回报，但是不会减少价格上限计划对有效生产的刺激。Elisabetta Iossa 等认为为了使公司获得有价值但是很昂贵的信息，价格上限机制应该保证公司可以获得高额利润。Dennis L. 研究了在不违背价格上限承诺的情况下，调节者提出的受限机会主义和战略行为破坏了价格上限规制的运作。Elisabetta Iossa 等研究了价格上限规制下被调节公司获得高昂信息的诱因，他们认为收入分配计划能够比单纯的价格上限提供更多的获得信息的激励，并且有助于提供社会福利。Jun - Jun Zheng 和 Hong Yin 等研究了在价格上限规制和最理想规制两种调节手段下使公司提供公共服务的机制。

在案例和具体行业研究方面，V. S. Ajodhia 和 L. Olmos 等提出了一种新的用以评估在价格上限规制下的新型电力网络投资的价格与质量的方法。Daniel Flores 提出了一种分析墨西哥电话产业的价格上限模式。Luis Otavio Facanha 对 1998 ~ 2002 年巴西地方电话业的分析的价格上限规制问题进行了研究。Marcelo Resende 等研究了 1996 ~ 1998 年美国地方电话特殊的管理制度的服务质量，结果得出了在价格规制下服务质量较差的推测。

激励性规制理论还包括 Demsetz 提出的特许投标制度（Franchise Bidding）。主要包括所有权性的合同和经营权性的合同，厂商就在一段时期内生产某种产品或经营某种服务项目的权力进行投标。将竞争机制引入政府规制之中，提高了垄断性市场的可竞争性，减轻了规制者的信息负担，价格在竞争中降低了，而政府通过收取特许费获得了厂商的超额利润。Xian - Jia Wang 和 Dong Han 等设计了一套科学合理地投标机制来提高特许投标的分配效率，他们认为投标的模式应建立在刺激机制下，即参与了就要使社会福利最大化，并且充分展示公司的管理能力。

Shleife 提出了区域间比较竞争（Yardstick Competition）的理论模型。通过不同地区间垄断厂商的间接竞争来刺激厂商降低成本、提高效率。Revelli F. 研究了社会服务供应商的绩效和区域间竞争问题。Bogetoft P. 和 Nielsen K. 分析了在区域间比较竞争模式下重置价值的主要技术和经济问题，并使用数据包络分析法中赞成和反对的票数来估价和提高自然资源管理的效率。Thomas P. Tangeras 分析了当某一行业受区域间比较竞争调节时，公司之间产生的共谋动机。

Deng – Wei Duan 和 Jun – Yong Liu 分析了反常规分布和规制重建，同时提出区域间比较竞争的优点和存在的问题，同时总结了区域间比较竞争在其他国家电力分配市场的应用和影响。Tooraj Jamasb 和 Michael Pollitt 讨论了区域间比较竞争计划中电信行业协会规制的应用。Eduardo Recordon 和 Hugh Rudnick 分析了在电信行业协会模式下的适用与电力分配的接入价格模式，试图在一个分配垄断网络服务于受管理及没受管理的消费者的情况下找到一个最理想的价格接入管理。

Massimo Bordignon 回顾了应用于政府间的财政选择的区域间比较竞争理论。Marcelo Resende 运用数据包络分析中的非参数方法分析了 1997 ~ 1998 年巴西电力分配的效率测度，表明公司运作的存在实质上低于效率边界。Federico Revelli 和 Per Tovmo 调查了挪威地方政府是否列出了与区域间比较竞争的假说相一致的立体分布模式。Rui Cunha Marques 结合葡萄牙供水部门对区域间比较竞争的方法进行了研究。Phil Burns 和 Cloda Jenkins 等结合英国、荷兰・澳大利亚和德国的电力和供水行业研究区域比较竞争的基准问题。Massimo Bordignon 和 Floriana Cerniglia 等用意大利当地政府的数据验证区域间竞争中出现的财政的交互作用。

其他激励性规制理论及其研究的还有利润共享规制（Profit Sharing Regulation）、选择权（Options）和受限收益率规制（Banded Rate – of – return Regulation）等。

2. 接入价格规制研究现状

关于规制理论的另一个重要变化是接入价格理论的发展。公用事业规制研究中，学者发现产业的垂直结构是一个重要问题。由于具有网络特征的公用事业部门存在着垂直一体化结构，在引入竞争之后，需要设计接入政策来保证新进入者在同等的条件下利用基本设施，在终端用户市场上实现有效竞争。接入定价的实质是在自然垄断与竞争环节的界面确定合理地使用基本设施的费用标准。

Lafffont 和 Tirole（1994）以长途电信竞争和本地网络交换“瓶颈”为例提出了接入价格的拉姆赛公式：$a = 2c_0 + \frac{\lambda}{1+\lambda}\frac{p_2}{\eta_2}$，通过该公式建立的有效接入价格将会补偿固定成本。

Armstrong、Doyle 和 Vickers 于 1999 年提出了一个拉姆赛接入价格的改写公式：$a = 2c_0 + \delta\ (p_1 - 2c_0 - c_1)\ + \frac{\lambda}{1+\lambda}\frac{p_2}{\eta_2}$。表明有效的接入价格应该补偿网络的固定成本。建立了理论上的理想模式，为实践中的接入定价模式提供了有益的参照物。但这种定价模式在现实中是难以操作的，因而规制经济学家提出了相对具有可操作性的定价模式。

全部长期增量成本（Total Element Long - run Incremental Cost/Total Servicef Long - run Incremental Cost，TELRIC/TSLRIC）为基础的定价模式，按照最有效率的成本标准来确定接入价格。在基本电信设施市场上有着广泛的应用，是目前规制改革中占主导地位的模式。

有效成分定价规则（Efficient Component Pricing Rule，ECPR）通过在完全对称假定下，有效接入价格满足有效成分定价规则。为进入者提供正确的信息，从而削弱了在位厂商运用降低接入服务质量等非价格手段破坏公平竞争环境的动机。

总体价格上限（Global Price Caps）通过对终端用户服务和接入服务分别制定价格上限，在很大程度上消除了价格挤压或其他策略性行为的危险。对于垂直一体化的公用事业部门规制设计，能激励厂商降低成本、提高配置效率。

另外，Kaisa Kotakorpi（2006）认为接入价格规制并不一定减少取消抵押回赎权的可能性，并且在规制的情况下，当竞争对手要给消费者最高利益时，他们很有可能被取消抵押品回赎权。Paula Sarmento 和 Antonio Brandao（2007）利用完整的反规制假设对接入价格规制的工具进行研究。Martin Peitz（2005）研究了接入价格规制在电信市场的应用问题。

3. 公用事业规制研究现状

Calzolari 和 Gremaq（2001）以最优规制理论为基础建立了公用事业领域中跨国公司规制模型来考察受规制的跨国公司行为。在涉及跨国公司的规制时，各国规制者之间至少存在两种外部效应：①在一个国家内被规制的变量可能会直接影响其他国家规制者的福利水平；②与跨国公司和其规制者之间的不对称有密切联系的外部性，即合约外部性。

Liao X. W. 和 Lu T. J. （2004）综合回顾了传统的自然垄断理论的局限性，提出了一种以可行的竞争和销售量为基础的自然垄断理论，提出一种新的研究方法用以研究依赖经济试验的网络公共设施的管制和竞争政策。F. Gasmi、J. J. Laffont 和 W. W. Sharkey（2002）对通信行业传统自然垄断的扩展进行了研究。Felder F. A. （2004）对电力行业的反规制和竞争问题进行了研究。Kwoka J. E. （2006）评估了美国的电力为工业公司提供销售服务企业的价值函数，同时验证了独家垄断和双头垄断的公用事业的相关成本，得出竞争确实需要更低的网络成本的结论。Li Q. （2005）对制度学派经济学在中国公用事业自然垄断改革的个案进行研究。Zhao H. R. 、Qi J. X. 和 Zeng M. （2003）分析了自然垄断行业的价格规制理论，并提出电力运输服务行业的价格规制模式。P. A. J. Fonseka 和 G. B. Shrestha（2004）研究了在集中（管制垄断）和非集中（商业运输）的环境下，最适宜的输电网络扩张理论。Paul M. Sotkiewicz 和 Lynne Holt（2005）对公用事业规制及成本效率问题进行研究。Vogelsang I. （2002）认为任职者潜在的反竞争行为会带来基于基准成本的基本投入值规制，基准成本会转化成基本投入价格上限，并且最终导致终端价格的部分反规制。

D. V. Gordon、K. Gunsch 和 C. V. Pawluk（2003）对 Trans – Canada Pipelines Ltd. 的天然气运输有关的成本（费用）结构的次可加性进行验证。O. O. Ivashkina、A. V. Karibskii 和 Y. R. Shishorin（2004）以一个重要的石油管道

系统为例，提出自然垄断行业的经济发展安全性的控制建议。Labzunov（2002）对俄罗斯的化工及石油化工行业的发展前景与自然垄断行业的能源及产品价格增长联系进行了研究。Serge Garcia 和 Alban Thomas（2003）对供水公用事业的规制问题进行了研究。

Sirait M. M. 和 Parikesit D.（2001）分析了现行竞争机制下的运作和假设对公共运输业务进行单一运作管理的问题，及避免问题的调查方法。T. C. Papavramides 和 P. Source Aupee（2004）论证了航空交通服务机构的自然垄断管理方法。

另外，D. P. Tibilov（2005）研究了自然垄断行业的变革时期以及它们与煤炭市场的内部联系，以及决定煤炭市场运营的限定性因素研究。

由于中国公用事业规制理论研究起步较晚，很多研究者翻译和介绍了发达国家自然垄断规制经济学的成果和资料，这方面代表性的研究成果和资料主要有：施蒂格勒的《产业组织和政府管制》（潘振民译）、植草益的《微观规制经济学》（朱绍文等译）、拉丰和泰勒尔合著的《电信竞争》（胡汉辉等译）。张帆还发表了《对自然垄断的管制》等介绍西方规制理论与实践方面的文章。余晖从中国经济转轨特征为出发点，提出了对中国公用事业进行分拆和引入竞争是当前提高经济效益关键的论点。王俊豪（1997）对一些具体的公用事业规制改革方面作了深入的研究。王冰（2004）运用非线性定价理论对中国移动通信公司的全球通和神州行定价方式的福利状况进行了研究。研究发现，在全球通和神州行现行的定价方式下存在一个任何消费者都不会在其间消费的产量陷阱，因此存在社会总福利的损失，而通过一个简单的非线性定价策略，可以降低这一产量陷阱并提高社会总体福利水平。张丽娜（2007）提出在我国城市公用事业规制改革中可尝试实施合同规制，并就相关问题作了探讨。廖成林、王璐（2005）在 Baron – Myerson 机制模型的基础上，分析了信息不对称所导致的产量隐性现象对该机制有效性的影响，进一步在管制者估计的需求大于或小于真实需求两种情况下对企业上报成本参数的行为进行了讨论，解释现阶段政府管制无效的现象，提出相关政策建议。

三、研究评述

综合分析产业经济学中关于自然垄断、行政垄断和规制理论的研究成果，可以看出：研究角度偏重宏观非完全竞争自然垄断理论，各国公用事业自身适用的规制理论和方法有待进一步完善和改进。

自然垄断经济特征是进行公用事业规制的前提假设，规制理论是解决自然垄断问题的有效手段。产业规制体系是一个由多个相互支撑的经济理论组成的系统化工程。自然垄断理论发展不断出现认识的更新，随之公用事业规制理论研究本身又加入信息对称理论、制度经济学、交易费用理论，公共管理理论等多学科的最新研究成果，是一个持续、动态、快速发展的领域。这使得广大学者对公用事业的研究也开始呈现出国别化、区域化的特点。尤其是国内学者在中国公用事业急速变化的今天，已经认识到仅仅引进国外论著与成果已经无法适应国内公用事业规制的需求。对于公用事业规制方法的研究还存在以下问题：

其一，国外基本没有对于双重垄断的概念与相关经济特征的研究，国内也只是有学者提出看法认为在公用事业领域存在的垄断现象与国外公用事业存在差别，而没有系统地从模型建立、治理方法角度进行研究，使中国公用事业规制实践缺乏完整的理论指导。在中国，大多数公用事业本身就具有自然垄断特征，又因为公用事业关系着人民的基本利益，比较容易被行政垄断，因此，双重垄断现象在公用事业部门中更为普遍，这也与中国早期实行的计划经济有关。本书将致力于对双重垄断现象的研究，试图弥补以上空白。

其二，当垄断结构、成本和竞争对公用事业的影响存在不确定性时，难以做出满足社会最优的权数估计。国内外学者对于中国公用事业垄断结构和竞争关系的认识还不充分，自然无法有效制定针对性的规制模型及参数估计。进行规制之前必须对行业垄断特性有清晰认识，根据其垄断特征，如强自然垄断、弱自然垄断、双重垄断来确定相应的规制对象、规制方法和规制主体。在双重垄断概念基础上确定中国公用事业规制模式可以消除这种不确定性，最终实现社会福利的增加。因此，本书拟对双重垄断的状态及其规制方法展开研究。

其三，对公用事业的双重垄断进行规制是必要的。规制可以起到抑制企业垄断价格，维护社会分配效率；防止破坏性竞争和浪费，保证经济效率和供应稳定；防止双重垄断企业利用垄断地位额外经营竞争性业务，造成不正当竞争；避免政治腐败等作用。国外对于此问题的解决方法集中于行业立法、政府独立规制机构的设立，但是对于中国公用事业中行政部门林立、行业政策众多的双重垄断现象缺乏有效的规制框架，来明确规制主体、规制对象及其之间的协调关系。

其四，国内外学者通常是在某个有限的时期内研究自然垄断经济特征，对行业动态发展问题的处理尚不完善。规制运行中往往出现规制失灵、规制无效果或无效率，造成经济或社会损失。如果能够针对国内外关于规制模式的特点，结合规制影响评价方法，建立规制效果与规制模式改进的互动体系，可以实现规制模式与垄断特征之间持续动态的演进过程。因此，在对双重垄断公用事业进行规制的基础上还要研究相应的评价方法。

本书试图立足于国内公用事业存在的鲜明特征，以审慎的态度来改进国外关于自然垄断的规制理论，基于双重垄断的全新视角下，构建完善的中国公用事业规制理论体系，希望为中国公用事业改革的理论研究注入一丝新鲜血液。

第三节　研究内容与技术路线

一、研究内容

本书针对中国公用事业大量占用财政资源、效率低下、迫切需要进行改革的需求，采用产业经济学前沿理论，明确提出公用事业领域双重垄断概念，并对其表现形式和经济特征进行了分析，从而提出了双重垄断模型，利用具有典型双重

垄断特征的电信行业数据对双重垄断的模型进行实证分析。双重垄断模型的提出并不是本书的最终目标，而是揭示发达国家与中国公用事业在经济条件、政治程序等体制背景存在差异的情况下，产业特征也有所不同。在明确中国公用事业垄断行业的双重垄断背景的基础上，从特征差异中寻求适合中国公用事业产业规制模式设计的基本规律，为提高中国公用事业运行效率，降低公共服务成本，增加社会整体福利提供理论支持和参考。

为了实现本书目标，重点进行以下几方面内容的研究：

1. 双重垄断的概念及形成机理

明确提出中国公用事业存在双重垄断现象，描述其经济特征与运行规律。确定中国公用事业垄断现象的特征与规律是本部分的研究内容与目标。自然垄断理论有其自身特有的前提条件与假设，是国外公用事业领域普遍存在的情况，产业经济学及其分支规制经济学对这种垄断进行了长期的研究并取得了丰硕的成果。中国公用事业作为从计划经济时代脱胎而来，并带着浓厚行政管制色彩的产业领域，必然会出现与国外自然垄断理论不相符合的特征。双重垄断的概念就是在这样的背景下提出的，本书还将对双重垄断的形成机理和表现形式进行研究。

2. 建立中国公用事业双重垄断模型

根据产业经济学关于自然垄断和行政垄断的前沿理论，对中国公用事业进行分解，建立描述公用事业自然垄断、行政垄断现象的双重垄断模型。给出双重垄断模型形式、程度、稳定性的判别方法，以及模型的内外部演化机理，使其具有描述中国公用事业垄断现实的能力。

3. 利用电信领域行业数据对双重垄断模型进行实证分析

针对双重垄断模型参数定义，选取公用事业领域中的典型行业——电信，进行实证分析。收集电信业公开的财务成本数据与行业运行信息，结合电信业务如网络建设、基本电信服务、增值服务提供等价值链运营方式，验证双重垄断模型对电信行业垄断形式描述的有效性。定位中国电信行业双重垄断的形式、程度、稳定性，描述该行业双重垄断的演化轨迹。

4. 提出中国公用事业的规制模型和方法体系

在对中国公用事业垄断特征的内涵及其理论深入理解的基础之上，根据国内公用事业独特的经济技术特征和双重垄断的背景，构建中国公用事业规制的规制模型和方法体系。重点内容包括：中国公用事业双重垄断规制模型，双重垄断规制的方法体系，合理性行政垄断前提下双重垄断规制方法以及非合理性行政垄断前提下双重垄断规制方法。

5. 提出双重垄断规制影响评价方法

结合规制模型分析规制方案的有效性，建立规制影响评价方法。重点研究内容包括对规制失灵及中国公用事业双重垄断规制失灵的表现，中国公用事业双重垄断规制影响评价模型及评价指标。既要考虑可测度的影响，又要考虑不可测度的影响以及各种不确定性，采用定性和定量相结合的方法，设计有效的、与规制过程相对应的评价指标。

二、研究方法

双重垄断下公用事业规制模式研究理论与方法涉及产业经济学、制度经济学、数学、信息经济学、公共管理等多个方面，具有多学科交叉的特性，研究解决该问题拟采用多学科理论、模型和方法的综合。为此，本书总的研究方法是借鉴产业经济学前沿理论与技术研究中国公用事业垄断特征，结合规制公共管理、规制经济学设计相应规制模式，实现双重垄断下公用事业规制模式背景分析、模型设计、评价的全生命周期研究。具体包括以下内容：

1. 历史和现实对照

从双重垄断现实出发，同时尊重中国公用事业体制发展历史，将历史和现实有机地结合。运用产业经济学中关于自然垄断和行政垄断的相关理论构建中国公用事业双重垄断模型。

2. 规范和实证研究相结合的方法

归纳既有的理论，总结国外理论实践，在模型描述中国公用事业经济特征有效性问题上，采用行业数据收集与分析，进行实证研究。

3. 从现象、具体、个别得出本质、一般和普遍的规律

在对规制实践进行分析研究的基础上，得出公用事业规制现状、发展的本质、一般和普遍的规律。针对双重垄断现象，探索中国公用事业规制改革的发展过程、模式选择。

4. 定性与定量相结合

从评价体系、评价指标、评价方法几个方面建立完整的规制影响评价理论，为规制行为的改进与完善提供支持。

总之，在中国公用事业规制模式设计研究过程中，将特别注意对双重垄断现象中效率与竞争不相容问题的解决。在模式设计过程中特别注意应用传统规制模型与中国公用事业经济特征之间的配合。同时注意理论与方法的研究与应用研究紧密联系起来，以检验理论研究成果的可行性和有效性。

三、技术路线

本书将采用理论研究、实证研究与模型设计相结合的研究方法。以研究的目标和内容为主线，本书技术路线如图 1－2 所示。

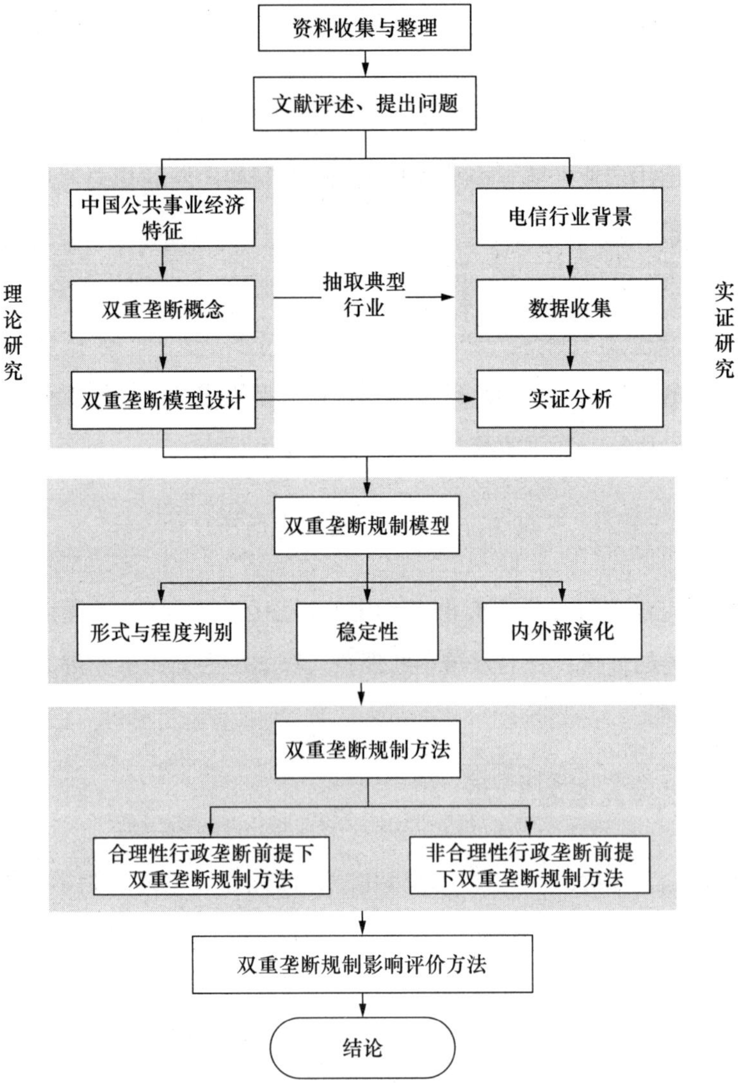
资料收集与整理
文献评述、提出问题
理论研究
中国公共事业经济特征
双重垄断概念
双重垄断模型设计
抽取典型行业
实证研究
电信行业背景
数据收集
实证分析
双重垄断规制模型
形式与程度判别
稳定性
内外部演化
双重垄断规制方法
合理性行政垄断前提下双重垄断规制方法
非合理性行政垄断前提下双重垄断规制方法
双重垄断规制影响评价方法
结论

图 1－2　本书技术路线

第二章
公用事业双重垄断理论框架构建

第一节　公用事业及其组织

公用事业是指用于城市生产、流通和居民生活的各项事业的总称，其范围包括供水、供热、供气、城市公交、排水、污水和垃圾处理、园林绿化、环境卫生等市政公用事业，以及电信、供电、邮政、铁路、公路、水路和民航运输等行业。

在众多文献中，关于公用事业的定义各种各样。很多研究者甚至把公用事业与公共组织视为一体。实际上，在不同的地域背景下，二者之间具有一定的区别。

如果按照公用事业部门的垄断特性，人们习惯于把其分为自然垄断性公用事业部门和行政垄断性公用事业部门。

一、自然垄断性公用事业部门

本节所说的自然垄断代表性公用事业部门是指具有自然垄断属性的，并且具有一定代表性的公用事业部门。但是并非说明该行业完全是自然垄断属性，具有自然垄断属性的可能只是其中的一部分，它也可能在具有自然垄断属性的同时具有其他属性。王学庆等（2004）总结了12种具有自然垄断属性的公用事业部门，如表2－1所示。

表2－1 具有自然垄断属性的公用事业部门

序号	行业	序号	行业
1	电信行业	7	水运港口设施
2	电力行业	8	天然气生产与管道运输
3	铁路行业	9	城市自来水
4	邮政行业	10	城市燃气供给
5	民航行业	11	城市居民供热
6	高速公路	12	城市排污

二、行政垄断性公用事业部门

一般来说，自然垄断存在的范围要比行政垄断行业存在的范围大，因为有很多行政垄断虽然在地方存在且非常严重，但是并没有扩展到全国范围，更没有构成一个行业。具有行政垄断属性的代表性公用事业部门如表2－2所示。

表2－2 具有行政垄断属性的代表性公用事业部门

序号	行业
1	广播电台
2	无线、有线电视台

上述具有自然垄断属性的公用事业部门，在一定背景下，也可能同时具有行政垄断属性，比如燃气供给部门，除了通过管道提供燃气之外，还可能提供罐装

燃气。而在很多地方，燃气经营由政府许可给一家企业，即形成行政垄断。

第二节　双重垄断的界定

一、自然垄断和行政垄断

1. 自然垄断

自然垄断（Natural Monopoly）作为因生产技术上的规模经济而导致的一种垄断，它是指因生产技术具有规模经济的特征，使得单位产品或服务的平均成本随着产量的增加而递减，从而，从最小有效规模出发，只是由一个企业进行生产的垄断。

Danniel F. Spulber 认为自然垄断起源于规模经济或多样产品生产经济。这是关于自然垄断形成原因的最新认识，是经过几代人的努力发展起来的理论。Clarkson 和 Miller 认为，自然垄断的基本特征是生产函数呈规模报酬递增状态，即平均成本随着产量的增加而递减。这样，由一家企业来提供产品就会比多家生产的效率更高，成本更低。假定一个产业只能容纳一家企业生存，那么就会有一个幸存者为了降低成本而不断扩大产量，进行低价竞争，最终把对手挤出市场，形成自然垄断。

Samuelson 和 Nordhaus 认为，当企业有一直下降的平均成本曲线和边际成本曲线，具有持续递增的规模收益，就会产生自然垄断。自然垄断最明显的经济特征，是平均成本在其产出规模扩大到整个产业的产量时仍然下降。因此，由一个厂商垄断经营就会比多个厂商提供全部产品更有效率，比如电话、电力、自来水以及天然气等公用事业，由于它们的固定成本很高，但增加一个电话或多发一度电的边际成本却相对很低，因此被视为自然垄断产业。里普塞等认为，自然垄断的产生根源在于规模经济。如果在一个很大的产量区间内，长期平均成本下降，大企业的平均成本就会比小企业低得多。

当代经济学家则把范围经济和成本弱增性引入进来。J. Bonbright 认为，对于某些公共设施的服务来说，即使在单位成本上升的情况下，由一家企业提供服务也是最经济的。Panzer Willig 等认为自然垄断的最显著特征应该是成本函数的弱增性（Subadditivity）。1997 年，Baumol 在《论多产品产业自然垄断的恰当成本检验》一文中首次用多产品企业的成本弱增性来定义自然垄断。当代经济学家认为，自然垄断表现了一种生产技术特征：面对一定规模的市场需求，与两家或更多的企业相比，某单个企业能够以更低的成本供应市场。

自然垄断的存在具有一定的合理性。正如 Stiglitz 所说："当一个厂商的平均成本在市场上可能容纳的产量范围内不断下降时，自然垄断就会出现。"从经济效益角度来看，自然垄断行业具有明显的规模经济效益，如果允许竞争，势必导致低水平重复建设，造成社会资源的巨大浪费，不能为社会带来良好的经济效益，甚至严重损害国家和社会公共利益。从资本的逐利性来看，趋利避害的本性必然使资本流向低成本、低风险、高收益的行业而回避高成本、高风险、低收益的行业。因自然垄断行业牵涉国计民生，在私人资本不愿或无力介入的情况下，为维护社会稳定和经济的可持续发展，进行自然垄断，以使资源得到优化配置也是合理的。从经济安全和社会稳定上来看，自然垄断行业提供的是关系国计民生的公共产品或公共服务，如果出现问题，势必影响人民的生产生活乃至动摇社会稳定，制约经济发展。

2. 行政垄断

行政垄断（Administrative Monopoly）是指用行政权力管住市场准入，在一个市场只允许一家企业独家经营或少数几家企业垄断经营的市场结构。行政垄断是行政权力加市场力量所形成的特殊垄断，国家运用公权力实施并保护的排除、限制竞争的结果。由于中国早些时候实行的是计划经济，计划经济是以行政权力维系运转的，因此当由计划经济转为市场经济时，就产生了很多行政垄断现象。

行政垄断的主体具有多样性，包括：主要实施主体，即地方政府及国家经济主管部门；辅助性主体，如授权国家经济主管部门进行强制性统一商品或服务价格的中央人民政府、有意通过政府部门所制定的行政垄断规定的地方人大、在有关行政垄断的诉讼中故意维护本地利益的地方人民法院、在行政垄断的实施过程中获利被行政垄断保护的经营者及其他组织等。

行政垄断的表现形式如下：

（1）地方保护主义。即地方政府及其所属部门滥用行政权力，限制外地商品进入本地市场，或者本地商品流向外地市场。不仅包括对商品流通的地域性限制，也包括对资金、技术、人员流动和企业跨地区联合的限制等。由于本书主要是研究公用事业的垄断行为，因此地方保护主义的行政垄断不是本书研究的重点。

（2）设置行业壁垒。即政府及其所属部门利用行政权力，限制市场准入，以排除或限制该行业的市场竞争行为。行业壁垒的形成往往会由行政机关通过行政许可制度形成。行政许可如果过多过滥，就会为地方保护主义和行业垄断行为提供方便。

（3）强制性企业合并。即政府强迫企业加入某个企业集团，或者强迫经济效益较好的企业接受某些经济效益不好的企业。这是一种行政性的联合限制竞争行为。其主要形式包括强制组建企业集团，强制企业合并、兼并、联营等。很多情况下，兼并企业不仅从企业兼并中得不到任何好处；相反，因为它们需要替被兼并的企业偿还债务，安置它们的富余人员，这就会削弱自己的经济实力，恶化市场竞争条件。这对经济效益好而被迫兼并的企业来说是一种不公平，并且纵容了被兼并企业的不作为。

（4）抑制竞争。指政府利用行政权力，强制经营者从事排除或者限制市场竞争的行为。以中国电信行业为例，1994 年，联通公司进入电信业，打破了中国电信的独家垄断，2002 年，中国电信又进行了南北拆分。表面上形成了联通、移动、网通等多家企业共同经营的局面。实际并非如此，这些电信企业的竞争却受到了主管部门的抑制。例如，联通公司手机单向收费的电信业务多次被主管部门叫停，就连这些电信企业的偷偷摸摸地对电信收费实行的所谓打折、亲情回报等竞争性行为也受到了主管行政机关的制止。

（5）强制交易。行使行政权力和公共事务管理权的主体滥用或超越这种权力，限定他人购买或使用其指定经营者的商品、服务或劳务；限制其他经营者正当的经营活动。对于公用事业而言，限定交易的主体包括两类：政府和政府部门，它们利用直接或间接的方式限定交易，限制其他经营者正当的经营活动；行使公共管理权的事业单位，现实中有许多限定交易的行为就是由这些行使公共管理权的事业单位作出的。

3. 自然垄断和行政垄断的区别

成本弱增性是定义自然垄断的关键。一个单一产品企业的生产具有规模经济效应时，其必然具有成本弱增性。反之，当这个企业的产量超出其规模经济点时，即出现规模不经济时，只要其比两个或更多企业来提供这些产量时的成本低，则仍具备成本弱增性，也就仍具备自然垄断特征。而行政垄断主要是利用政府权力管住市场准入，对降低经营成本、提高行业经营效率没有必然意义。也就是说，对于行政垄断来说，有无成本弱增性并不是关键。

从理论上来说，由于规模经济性，真正意义上的自然垄断是不需要政府帮助其维持垄断地位的。因为，如果一个行业是自然垄断行业，有一家企业经营成本最低，适用成本递减规律，不需要用法律、行政手段设置障碍，其他企业也不能进入。但现实中并非如此。如果企业处于自然垄断的地位，它就会把价格定在边际成本和边际收入的交点上，获得垄断利润。福利经济学认为只有当价格等于边际成本时，社会福利才最大。而平均成本的不断下降，说明边际成本必然小于平均成本，边际成本定价必然使总成本大于总收入。因此，自然垄断企业如果按照边际成本定价，则必然亏损。如果这种边际成本定价矛盾比较突出（或称强自然垄断），而企业又没有能力防止潜在竞争者进入时，需要政府进行进入规制。而且，如果任由多家企业进行竞争生产，由于生产量较低，根据成本弱增性，每家企业的平均成本都会居高不下。此时，由政府设定新企业的进入门槛，既避免重复建设、过度竞争，又可以发挥竞争机制的积极作用。

但是，上述关于自然垄断进入规制必要性的论点，以及自然垄断进入规制的实际运行，给人们带来了一些错觉，导致部分研究者把自然垄断和行政垄断交织在一起，甚至认为自然垄断是行政垄断的一种特殊形式。而实际上，并非所有的自然垄断都需要政府进行规制。Berg 和 Tschirhart 认为：竞争者进入有障碍时，需要政府对自然垄断企业进行治理；进入无障碍时，可根据企业是否具有可维持性来相应处理，企业可维持时，不需要政府治理，但为了防止自然垄断企业制定垄断价格，可采取用潜在进入者的压力来约束。

二、双重垄断的提出

在一定条件下，自然垄断部门和行政垄断部门具有一定的交集。比如当政府对自然垄断行业设定进入规制后，即政府使用行政权力规制市场准入，也就是说在自然垄断的基础上加入了一定行政垄断因素时，该自然垄断行业已经不是纯粹意义上的自然垄断了，而是另外一种意义上的垄断形式，本书称为双重垄断（Dualistic Monopoly）。双重垄断的存在是人们混淆自然垄断和行政垄断概念的主要原因。

另外，在有些行业中还存在着部分自然垄断、部分行政垄断的情况。比如电力行业，只有全国或区域性的高压输电网络还有自然垄断性，而其他业务，比如电力设备供应、电力生产等则具有行政垄断性；再如电信行业在本地电话业务上具有自然垄断性，但是在长途电话（特别是漫游）、增加值业务上却具有行政垄断性和市场垄断性。这种情况也属于双重垄断。

1. 双重垄断和自然垄断在界定范畴上的区分

双重垄断主要是指在自然垄断范畴中加入行政干预，以维持垄断地位的那一部分。即双重垄断地位的确立或维持，不仅靠自然垄断，还要靠行政垄断。如前所述，并非所有的自然垄断都需要进入规制。许多自然垄断行业并不容易进入。即使被允许进入，进入和退出也会发生大量费用，从而弱化了竞争企业进入的积极性。进入规制只适用于具有足够的社会、经济理由，需要垄断经营的自然垄断性行业，这部分行业才是双重垄断行业。

2. 双重垄断和行政垄断在界定范畴上的区分

双重垄断也可指对具有成本弱增性产业进行行政垄断的那一部分。双重垄断具有其合理性，而行政垄断却并非完全合理。特别是在中国，由于计划经济的残留影响，导致很多没有自然垄断色彩的行政垄断现象。王学庆等把这种垄断现象归结为三类：

（1）带有全国性垄断性质的行业行政垄断。支持力量一般为国家一级权力。目前存在的全国性行政垄断主要包括：对烟草、酒类、盐的专卖，对石油、成品油、广播、电视的垄断经营等。

（2）地方行政垄断。指地方政府利用自己的立法、行政权力，使一些没有自然垄断性的企业在本地区、本行业处于垄断地位的现象。

（3）搭车垄断。特指表面上已不垄断，但因经营企业与主管行政部门长期形成的特殊利益关系，事实上形成的垄断经营局面。或者利用这类关系，或明或暗地垄断某些商品、服务的提供。

这种纯粹的行政垄断并不是本书研究的对象。本书研究双重垄断是在自然垄断前提下进行的行政垄断，不论该行政垄断是否具有合理性。

第三节　双重垄断的存在形式和形成机理

一、双重垄断的基本形式

从理论上来说，双重垄断包含了三种基本形式：

第一，在自然垄断的基础上又进行行政垄断的垄断形式，如图 2－1 所示，本书称为交集式双重垄断（Intersection Mode of Dualistic Monopoly）。

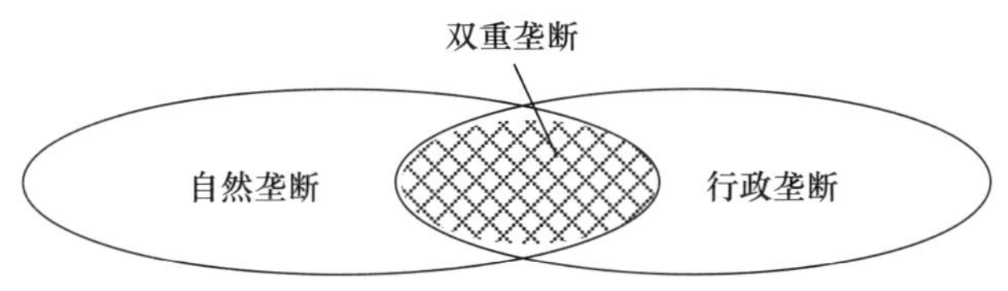

图 2－1　交集式双重垄断

第二，同时包含自然垄断子系统和行政垄断子系统的垄断形式，如图 2－2 所示，本书称为并集式双重垄断（Juxtaposition Mode of Dualistic Monopoly）。

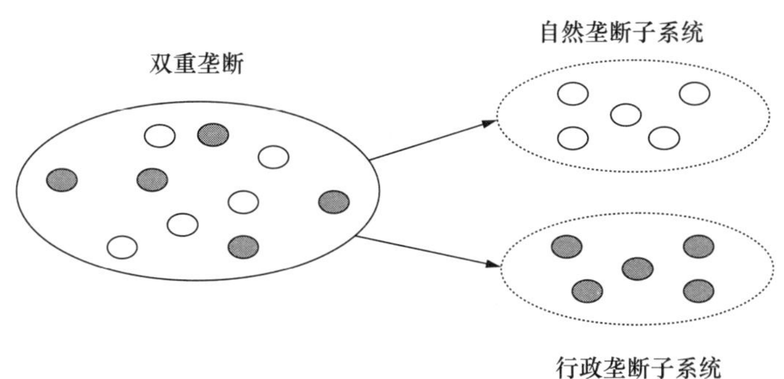

图 2－2　并集式双重垄断

第三，对于同一个行业系统，既存在交集式双重垄断，又存在并集式双重垄断的垄断形式，本书称为混合式双重垄断。根据不同的组合方式，混合式双重垄断又可以分为三种形式，如图 2－3 所示，本书分别称为自然—交集混合式双重垄断（见图 2－3a）、行政—交集混合式双重垄断（见图 2－3b）、全面混合式双重垄断（见图 2－3c）。

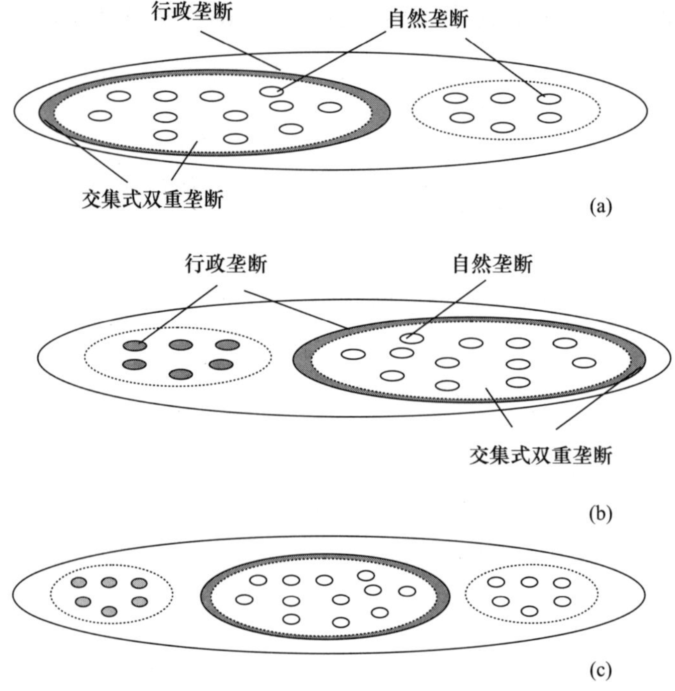

图 2－3　混合式双重垄断

二、双重垄断的形成机理

双重垄断的形成机理如图 2－4 所示。可以归纳为以下八种路径：

其一，在纯自然垄断的情况下，如果为了降低平均成本，提高社会福利，政府采取一定的措施来保护自然垄断行业，以维持该领域现有企业的自然垄断地位，那么该垄断形式就转变成了交集式双重垄断。

其二，在纯自然垄断情况下，处于自然垄断地位的企业如果在其现有业务的基础上增加一部分新的业务，而这部分新业务并没有自然垄断特性，而是单纯依靠行政手段来实现垄断地位，那么该垄断形式就转变成了并集式双重垄断。

其三，在交集式双重垄断情况下，如果处于垄断地位的企业在其现有业务的

基础上又增加了一部分新的自然垄断业务，则该垄断形式就转变成了自然—行政混合式双重垄断。

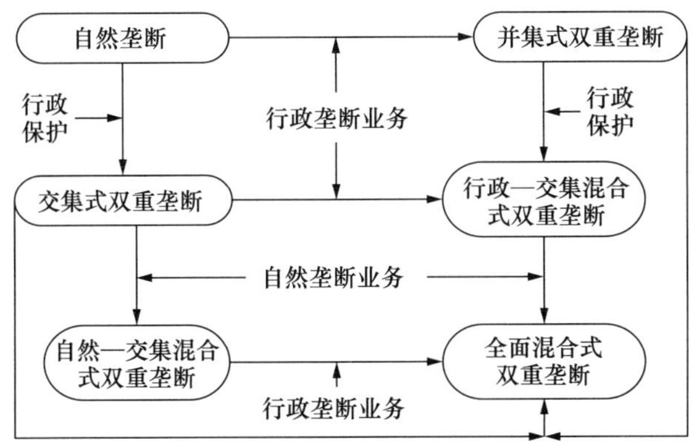

图2-4 双重垄断的形成机理

其四，在交集式双重垄断情况下，如果处于垄断地位的企业在其现有业务的基础上又增加了一部分新业务，而且这部分新业务并不具备自然垄断特性，而是依靠行政权力来实现垄断，则该垄断形式就转变成了行政—交集混合式双重垄断。

其五，在交集式双重垄断情况下，如果处于垄断地位的企业在其现有业务的基础上又分别增加了一部分新的自然垄断业务和行政垄断业务，或者说在原有交集式双重垄断的基础上又加入了并集式双重垄断，则该垄断形式就转变成了全面混合式双重垄断。

其六，在并集式双重垄断下，如果政府采取一定的行政措施来保护其中的自然垄断业务，以维持该业务领域的现有垄断地位，那么该垄断形式也转变成了行政—交集混合式双重垄断。

其七，在自然—交集混合式双重垄断下，如果处于垄断地位的企业在其现有业务的基础上又增加了一部分新的行政垄断业务，则该垄断形式也转变成了全面混合式双重垄断。

其八，在行政—交集混合式双重垄断下，如果处于垄断地位的企业在其现有业务的基础上又增加了一部分新的自然垄断业务，则该垄断形式也转变成了全面混合式双重垄断。

随着技术和需求的转变，如果双重垄断中的自然垄断特性消失，则该行业也会变成一个纯粹的行政垄断，甚至是市场垄断或市场竞争。

第四节　双重垄断的经济特征

一、双重垄断的公用事业部门以某种垄断形式为主

虽然理论上可以把双重垄断分为交集式、并集式和混合式，但是现实中却以并集式和混合式居多。这是因为随着现代技术的发展和需求的改变，一些产业的自然垄断属性发生了变化，可能走向部分垄断、寡头垄断或竞争结构。而且，随着一些公用事业部门业务的增加，而这些新增加的业务又具有行政垄断特性，因此从纯自然垄断走向了并集式双重垄断，或者从交集式双重垄断走向了混合式双重垄断。比如，电信部门增加了五花八门的增值业务。因此，总结具有双重垄断特性的公用事业部门，只能以某种垄断形式为主，进行尽可能地细化。具有双重垄断特性的代表性公用事业部门如表 2 –3 所示。

表 2 –3　具有双重垄断特性的代表性公用事业部门

行业/部门	主要垄断形式	自然垄断子系统	交集式双重垄断子系统	行政垄断子系统
电力	并集式	传输电网	—	发电
城市燃气/天然气	并集式	传输管道	—	煤气/天然气采掘

续表

行业/部门	主要垄断形式	自然垄断子系统	交集式双重垄断子系统	行政垄断子系统
热力供应	并集式	传输管道	—	发热
自来水	并集式	传输管道	—	水生产
运输	并集式	铁轨/道路	—	客货运输
通信、广播	混合式	—	通信网络	增值业务
邮政	混合式	—	投递网络	附加业务

二、双重垄断特征

具有双重垄断特性的公用事业部门具有以下特征：

1. 成本弱增性

假设某产业存在 $x(x \geqslant 2)$ 家生产同样产品的企业，企业 i 生产产量 Q_i 时的成本函数为 $C(Q_i)$，该产业的总产量为 Q，$Q = \sum Q_i$，由一家企业全部生产时的成本函数为 $C(Q)$，若 $C(Q) < C(Q_1) + C(Q_2) + \cdots + C(Q_i) + \cdots + C(Q_x)$，则认为成本函数 C 对产出 Q 是弱增的。双重垄断的成本弱增性是由其自然垄断特性决定的。成本弱增性强调的是，在产量区间内的任一产出水平上处处都存在着平均成本递减的情况，其成本函数具有严格的弱增性。

2. 网络系统性

像铁路、电力、燃气、自来水等都具有明显的网络特征。公用事业部门需要借助传输网络才能将产品或服务传递给用户，用户也必须借助传输网络才能使用公共事物部门的产品或服务。一般来讲，需求量或用户越多，网络投资的固定成本就越可能分散在每一个需求上，因此就越能产生网络系统的规模经济效益。公用事业的网络系统可以分为单向网络系统和双向网络系统。在单向网络系统中，交易只能向一个方向进行，比如电力、输水管道、天然气管道等；在双向网络系统中，交易可以向任何方向进行，比如电话、铁路、高速公路、邮政服务等。

3. 范围经济效益性

具有双重垄断特性的公用事业部门，由于存在着生产和配送方面的规模经济效益，如果各部门各自为战单独生产或销售的话，可能会造成销售和配送系统上的重复投资，导致资源浪费。因此，不同公用事业部门之间可以联合销售，以此来节约费用，即 $C(q1, q2) < C(q1, 0) + C(0, q2)$。进一步地，这又促使公用事业部门产品和服务基本技术标准的统一，从而为联合生产、联合销售、联合配送扫清技术障碍。如电力事业，如果各电力部门在供电电压、额定功率等方面缺乏统一标准的话，就会造成产业内生产和销售系统的混乱。

4. 存在大量沉淀成本

由于网络系统的建设，使得具有双重垄断特性的公用事业部门的固定资本具有很强的长期使用性质，同时又很难将这些设备转用于其他用途，形成固定资本沉淀，比如通信部门基站的建设。但从另一方面来说，这些沉淀成本恰恰又成了新进入者的进入壁垒，维持该产业的自然垄断。

5. 商品或服务的需求弹性小

具有双重垄断特性的公用事业部门毕竟也是公用事业部门，其提供的商品或服务都是公众所需要的基本服务，比如电力系统提供的电产品、供水系统提供的饮用水、燃气部门提供的燃气等。这些都为公众日常生活的必需，因此需求弹性较小。

6. 强制性

双重垄断行业中部分环节或全部是以公权力为背后支撑的。从某种意义上

说，是在经济垄断的基础上再加上政治垄断，这使得垄断企业具有其他任何力量都难以抗衡的优势。只要其中的行政垄断属性不消失，即使不合理，这种优势也仍然有效。而且，行业中的非垄断企业或外在的潜在进入者都必须强制遵守这种行政法则。

7. 复杂性

与单纯的自然垄断和行政垄断相比，双重垄断要复杂得多，而且这种复杂性还容易造成隐蔽性。表现在以下几个方面：

（1）垄断属性复杂。行业本身具有自然垄断属性，但是政府为了达到某种目的，比如扶植与政府关系密切的企业成为新的垄断者、行业不景气等，而采取行政措施对行业进行限制，从而形成了行政垄断。这两种垄断形式交织在一起，容易给人一种错觉。特别是在行业规制改革时，容易把其当作纯行政垄断，一味地放开市场、引入竞争，结果导致行业成本增加，同样会损害社会利益。

（2）形成机制复杂。在中国，由于早期采用的是计划经济体制，因此现存的双重垄断企业在早期主要表现为行政垄断较强。当行政垄断达到一定时期和范围之后，达到了行业的规模，埋藏在行政垄断之后的自然垄断属性就开始慢慢显示出来。而在其他国家可能会与此相反，也有可能是先出现自然垄断，而后再因为某种原因形成双重垄断。

（3）政府和企业行为的复杂。既然双重垄断本身就具有复杂性，那么就容易给政府或企业浑水摸鱼、捞取利益的机会。比如政府假借“自然垄断”和“规模经营”来对某些部门和行业实施行政垄断，通过撮合和行政干预来培养对政府有利、对社会无利的垄断企业；或者企业以自然垄断为借口，要求政府进行管制，把一再要求进入市场的竞争者强行排除在市场之外，从而为其垄断行为开脱，保护既得利益。这些行为更使得双重垄断变得扑朔迷离，给双重垄断的规制和改革带来麻烦。

第五节　本章小结

本章主要对公用事业规制改革的理论基础进行研究，并提出双重垄断的概念。本章首先对公用事业进行界定，公用事业是指用于城市生产、流通和居民生活的各项事业的总称，其范围包括：供水、供热、供气、城市公交、排水、污水和垃圾处理、园林绿化、环境卫生等市政公用事业，以及电信、供电、邮政、铁路、公路、水路和民航运输等行业。根据垄断属性的不同，公用事业可以分为自然垄断部门、行政垄断部门、双重垄断部门，其中双重垄断部门兼具自然垄断和行政垄断两种属性。双重垄断包括三种形式，分别为交集式、并集式和混合式。本章对双重垄断的形成机理进行了研究，并分析了具有代表性的双重垄断公用事业部门，这些部门具有成本弱增性、网络系统性、范围经济效益性、需求弹性小等特点。

第三章 公用事业双重垄断模型构建

第一节 双重垄断模型的构建假设

任何模型都有其特定的适应条件。由于环境的复杂性和多变性，必须对模型的适应条件进行限制和简化，否则我们无法对其进行分析。因此，任何模型都是建立在提出假设的基础上的，例如，经济模型针对消费者和企业的动机提出行为假设——假设消费者会购买那些导致其福利或满意最大化的产品和服务，类似地，假设企业会采取导致其利润最大化的行动。这些假设都进行了简化，因为它们并没有描述每一个消费者和每一个企业的动机。

双重垄断模型的构建假设如下：

一、双重垄断模型构建的假设条件

1. 双重垄断的属性是可以变化的

自然垄断属性不是一成不变的，这是自然垄断理论的一个重要进展。

Waterson 认为，技术和需求是影响自然垄断属性变化的最基本因素。当它们改变时，最适宜的产业组织形式也会随之改变，从而导致新的产业转变为自然垄断，而把原先的产业挤出去。基于此，Viscusi、Vernon 和 Harrington 提出了永久自然垄断和暂时自然垄断的概念。如图 3－1 所示，前者的长期平均成本（LRAC）随产量的增加而持续下降，因此不论市场需求多大，单个企业都能以最低的成本生产出来；后者的长期平均成本下降至产量某一点之后就变为常数，因此随着需求的增加，自然垄断就变成了完全竞争市场。在某些时候，当自然垄断属性消失后，政府还可以通过行政手段继续保持其垄断地位，即转变为行政垄断。自然垄断和行政垄断属性的变化导致了双重垄断属性也随之变化。

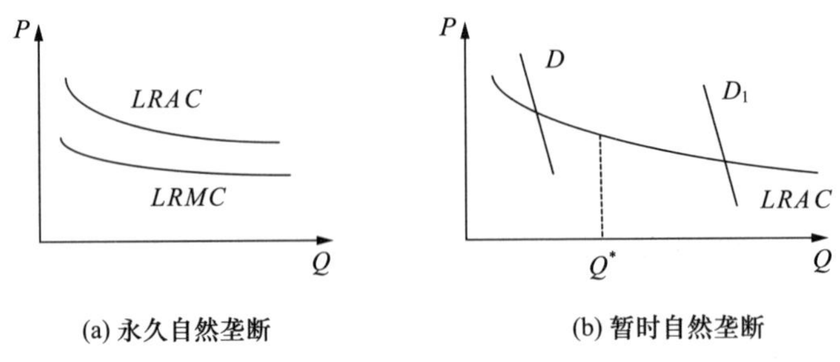

图 3－1　自然垄断属性的变化

2. 存在着强自然垄断情况下的行政垄断行为

在强自然垄断下，由于价格等于平均成本，需求量被限制在一定的范围内且几乎没有弹性，规模经济效益和范围经济效益显著，存在着巨大的沉没成本。因此，强自然垄断行业本身就具备了很坚固的进入壁垒，任何新进入者都要投入无法收回的巨大沉没成本，而且由于达不到规模经济和范围经济的要求还会导致生产成本过高，同时为了抢占市场还要定位较低的产品价格。因此，一般认为在强自然垄断下不需要再考虑行政垄断。但是，强自然垄断产品或服务的定价存在两难选择：一方面，为了维持企业的良好财务状况和可持续经营，产品定价不能超

过平均成本；另一方面，根据微观经济学的基本理论，只有当价格等于边际成本时社会的总福利才会达到最大。但强自然垄断环节的边际成本低于平均成本，这两条原则不可能同时满足。因此，采用一定的行政保护使价格高于边际成本以消除企业亏损也是必需的。而且，Baumol、Pazar 和 Willing 等提出的可竞争市场（Contestable Markets）理论认为，新企业进入市场的潜在竞争威胁也会迫使产业内原有垄断企业提高效率。这可能会吸引更多的潜在竞争者，因此，政府也要制定进入规制，不允许潜在竞争者进入市场。

3. 行政垄断可能是合理的，也可能是不合理的

双重垄断模型只考虑双重垄断的存在性和影响性，而对于其是否合理则在后面的双重垄断稳定性，以及基于双重垄断模型的规制策略选择中进行研究。

二、双重垄断模型应该反映的内容

因此，本书所构建的双重垄断模型至少应该反映以下三点内容：

第一，能够反映双重垄断形式。即利用一定的形式判别参数，可以在模型中对该行业的双重垄断外在表现模式进行定位。

第二，能够反映双重垄断程度。即利用一定的程度判别标准，可以在模型中对该行业的双重垄断所在的层次进行定位。

第三，能够反映双重垄断属性的演变过程。即利用不同时点的参数值，可以在模型中绘出该行业双重垄断形式和程度的演化。

此三者结合起来可以为双重垄断规制方法的制定提供参考，而且第三点还可以为该行业未来发展的预测提供依据。

第二节　双重垄断模型及其判别

一、双重垄断模型的构建

如图 3 –2 所示，双重垄断模型可以细分为三个维度，分别为自然垄断程度、行政垄断程度和双重垄断形式。其中，自然垄断可以细分为强自然垄断、第一类弱自然垄断和第二类弱自然垄断三种；行政垄断可以细分为高度、中度、低度三种；双重垄断形式可以细分为交集式、并集式和混合式，这是按照自然垄断和行政垄断的组合形式来划分的。下文将分别就模型中的组成部分进行分析和测度。

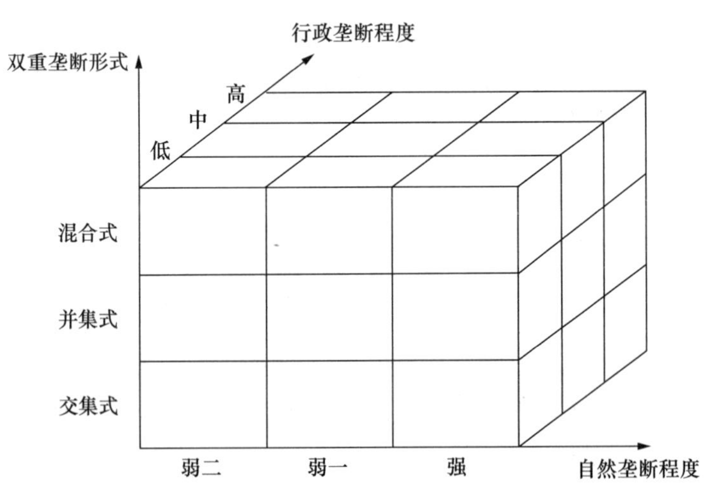

图 3 –2　双重垄断模型

二、双重垄断程度的判别

1. 自然垄断和行政垄断环节的分解

正如第二章所研究的，现实中产业的垄断形式是复杂的、多变的。在同一个产业之中，可能存在多种垄断形式，而且对于同一种垄断形式，不同环节的垄断程度也不一样，这也是研究双重垄断的意义所在。因此，分析某个产业是否为双重垄断，以及双重垄断的程度，首先要对该产业的各个环节进行分解，分析每个环节的垄断属性。在实际操作中，可以业务为单位进行分解。当某项业务同时具有两种属性时，可以分别进行统计。

假设某个产业现有 x 项业务，P 表示业务，P_k 表示第 k 项业务，则：

$$P = \sum_{k=1}^{x} P_k \quad (k \in N) \tag{3-1}$$

如果该产业中具有自然垄断属性的业务有 i 项，P_i 表示第 i 项业务具备自然垄断属性；具有行政垄断属性的业务 j 项，P_j 表示第 j 项业务具备自然垄断属性。则：

$$P \leqslant \sum_{i=1}^{m} P_i + \sum_{j=1}^{n} P_j \quad (i,j \in N;m,n \leqslant x) \tag{3-2}$$

也可以用集合表示为：

$$\begin{cases} D\{k \mid D_k\} = N\{i \mid P_i\} \cup A\{j \mid P_j\} \\ k=1,\ 2,\ \cdots,\ x;\ i=1,\ 2,\ \cdots,\ m;\ j=1,\ 2,\ \cdots,\ n \\ m,\ n \leqslant x \end{cases} \tag{3-3}$$

式(3－3)中，D 表示该产业所有业务的集合，N 表示自然垄断属性业务组成的集合，A 表示形成垄断属性业务组成的集合。

2. 自然垄断程度

根据边际成本定价原则，厂商的产量和价格是由边际成本与需求曲线的相交点决定的，只有当价格等于边际成本时社会的总福利才最大。如图 3 -3 所示，MC 为边际成本，AC 为平均成本，D_i 为不同的需求曲线，Q_i 为需求 D_i 时的产量（$i=1$，2，3）。需求水平的不同，决定了需求曲线会与边际成本曲线相交于不同的区间，可能相交于边际成本曲线下降的区间，也可能与边际成本曲线相交于最低点，还可能在边际成本曲线上升的区间相交。由此可以把自然垄断程度分为三种：强自然垄断、第一类弱自然垄断和第二类弱自然垄断。

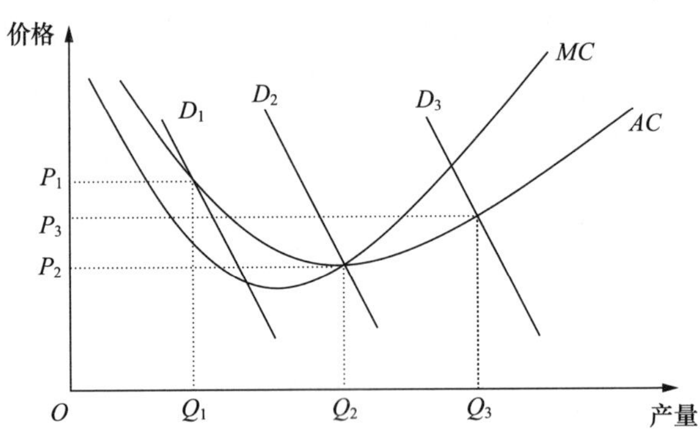

图 3 -3　企业定价曲线

（1）强自然垄断。当市场需求曲线相交于边际成本曲线最低点的左边时，如果产量增加，每多生产一单位产品的边际成本下降，平均成本也一定下降，这时边际成本曲线一定位于平均成本曲线的下方。如图 3 -4［O，Q_1］区间所示。如果垄断企业把价格定在和边际成本相交点，就弥补不了平均成本，在不考虑政府补贴及政府经营的前提下，行业内厂商将亏损。在这种情况下，规制者必须兼顾企业利益和社会福利，在行业内厂商不亏损的前提下，制定使社会福利最大化的次优水平价格，即以平均成本定价，在 A 点处定价，以保证企业维持正常的收益水平。同时又把潜在竞争者拒之门外。上述情形就是强自然垄断。

（2）第一类弱自然垄断。当需求曲线相交于平均成本曲线最低点时，边际成本与平均成本相等，边际成本定价恰使企业盈亏相抵。如图 3 -5［Q_1，Q_2］

区间所示。此区间价格 P_2 等于边际成本，但是高于单个企业的平均成本，垄断企业开始盈利，因此存在潜在进入者。新进入者可以通过模仿垄断企业的技术和生产工艺，进行同质化竞争，制定出低于边际成本但是略高于平均成本的价格以获取利润。但是此区间具有一定的降价空间，垄断者可以通过价格手段挤垮对手。因此大多数新进入者也是低效率的。上述情形被称为第一类弱自然垄断。

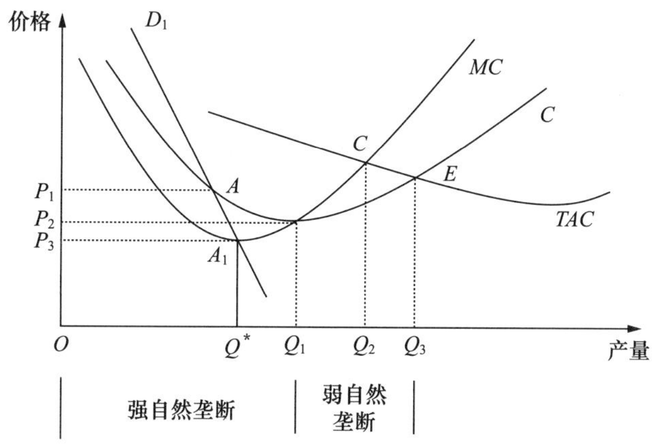

图 3－4　强自然垄断

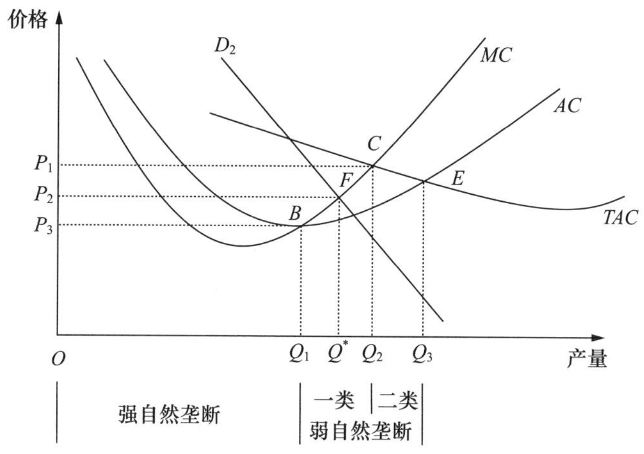

图 3－5　第一类弱自然垄断

（3）第二类弱自然垄断。随着需求曲线进一步向右移动，市场的结构发生了一些变化，特别是随着用户数量的增加导致成本的下降。当需求曲线与平均成本上升区间相交时（即使在成本弱增性的范围内），边际成本大于平均成本，边际成本定价导致企业盈利并吸引潜在竞争者进入市场。如图3－6［Q_2，Q_3］区间所示。此区间内存在实际的新进入者，新进入企业的总平均成本高于单个垄断企业的平均成本，但是低于其边际成本，在边际定价原则下，新进入者有利润空间，在这种情况下，会吸引大量的新进入者进行竞争，但是由于垄断企业的成本劣加性，处于垄断地位的企业其成本要低于社会总成本，过度的竞争反而会提高整个社会的成本。在这一时期，可以适当增加进行竞争的企业数量。在这一区间，自然垄断性行业的成本劣加性存在一个临界点 E，在产量超过 Q_3 之后，垄断企业的平均成本就会高于多家总平均成本，行业的自然垄断属性消失。此区间内自然垄断中边际成本定价矛盾不复存在，因此被称为第二类弱自然垄断。

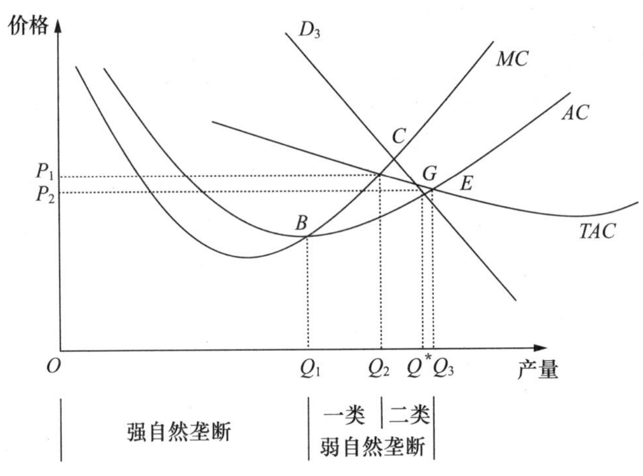

图3－6　第二类弱自然垄断

3. 行政垄断程度

在西方国家，人们通常用一个行业中最大的几家厂商销售收入的份额表示一

个行业的垄断程度。但是这种方法对于行政垄断，特别是我国的行政垄断程度进行衡量并不合适。目前中国的行政垄断并不是建立在一般意义上的规模经济基础之上，而是利用行政权力过度干预经济所形成的排斥竞争而形成的。因此，行业性行政垄断的程度从某种意义上取决于国有经济对行业的控制程度。

在从计划经济体制向市场经济体制过渡的过程中，不同行业所有制多元化的进程并不一致，从而产生了不同行业间所有制结构的差异。一般而言，所有制多元化进程较快的行业竞争比较激烈，比如制造业、零售业等。而非国有经济较难进入，国有经济仍旧强权统治的行业，其行政垄断程度仍旧较高，比如电力、金融、房地产等。因此，金玉国等认为，中国的行业行政垄断程度可以从行业的国有化程度上得到体现。他们利用行业内国有单位职工人数占本行业全部职工人数（从业人数）的比重来代表。用公式表达为：

$$K = \sum_{s=0}^{u} M_s \Big/ \sum_{h=1}^{v} T_h \quad (s \in Z,\ h \in N,\ u \leqslant v) \tag{3-4}$$

式(3-4)中 K 表示行业行政垄断程度，$\sum_{s=0}^{u} M_s$ 表示行业国有单位从业人数，$\sum_{h=1}^{v} T_h$ 表示行业全部从业人数。

根据 K 值的不同可以把行政垄断程度分为三种：高度行政垄断，$K \geqslant 80\%$；中度行政垄断：$80\% > K \geqslant 20\%$；低度行政垄断：$K > 20\%$。

本书认为也可以利用行业集中度来分析行政垄断的程度。行业集中度是指行业内规模最大的前几位企业的有关数值(产值、产量、销售额、资产总额等)占整个市场或行业的份额。本书利用行业集中度来计算行业内国有单位的有关数值(产值、产量、销售额、资产总额等)占整个市场或行业的份额，来分析行政垄断的程度。计算公式为：

$$CR_n = \sum_{i=0}^{n} X_i \Big/ Y \quad (i \in Z) \tag{3-5}$$

其中，$\sum_{i=0}^{n} X_i$ 表示某行业 n 家国有单位的有关数值之和，Y 代表该行业的市场总额。

4. 双重垄断程度

根据前文分析，把自然垄断程度与行政垄断程度结合，如图 3－7 所示，可以把双重垄断从强到弱分为以下九种程度。

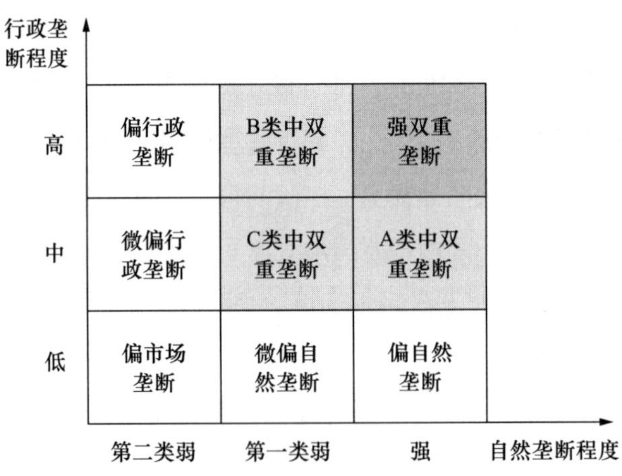

图 3－7　双重垄断程度

（1）强双重垄断。既具有强自然垄断属性又具有高度行政垄断属性。

（2）A 类中双重垄断。强自然垄断属性下的中度行政垄断，相对于其他类型双重垄断，此类别较偏向于强双重垄断。

（3）B 类中双重垄断。既具有第一类弱自然垄断属性又具有高度行政垄断属性。

（4）C 类中双重垄断。既具有第一类弱自然垄断又具有中度行政垄断，相对于另外两种类型中的双重垄断，此类型开始偏向于弱双重垄断。

（5）偏自然垄断。强自然垄断属性下的低度行政垄断，虽然属于双重垄断，但因为行政垄断程度很低，偏向于纯自然垄断。

（6）微偏自然垄断。第一类弱自然垄断属性下的低度行政垄断，偏向于弱双重垄断。

（7）偏行政垄断。第二类弱自然垄断属性下的高度行政垄断，虽然属于双重垄断，但因为自然垄断程度很低，偏向于纯行政垄断。

（8）微偏行政垄断。第二类弱自然垄断属性下的中度行政垄断，此类别开始偏向于弱双重垄断。

（9）偏市场垄断。既属于第二类弱自然垄断，又属于低度行政垄断，即自然垄断和行政垄断特性都不是很明显，所以偏向市场垄断。此时由于自然垄断和行政垄断属性并没有消失，因此仍属于双重垄断阶段。

如果把双重垄断归结为高、中、低三档，则（1）属于高度双重垄断，（2）（3）（4）属于中度双重垄断，（5）（6）（7）（8）（9）属于低度双重垄断。

如前文所述，在双重垄断的概念提出之前，由于行业垄断属性的复杂性，一种行业可能包含好几种垄断属性。因此，在本书提出双重垄断之后，可以把上述关于双重垄断程度的判别用于行业中的子环节，从而为整个行业的垄断属性进行清晰的定位，或是纯自然垄断，或是纯行政垄断，或是双重垄断中的某个类型。这也是双重垄断概念的贡献之一。

三、双重垄断形式的判别

在双重垄断程度判别的基础上，可以判别双重垄断的形式。如前所述，针对行业中的不同业务，可能存在着不同的双重垄断形式。

1. 交集式双重垄断的判别

如果该产业具有自然垄断属性的业务和具有行政垄断属性的业务完全相同，则说明该产业的所有业务均兼具两种属性，即均具备交集式双重垄断属性，所以该产业为交集式双重垄断产业。判别公式表示如下：

$$\begin{cases}\sum_{i=1}^{m} P_i - \sum_{j=1}^{n} P_j = 0 \\ m = n = x\end{cases} \quad (i,\ j \in N) \qquad (3-6)$$

用集合表示为：

$$\begin{cases} N\{i \mid P_i\} \cap A\{j \mid P_j\} = N\{i \mid P_i\} = A\{j \mid P_j\} \\ i=1,\ 2,\ 3,\ \cdots,\ m;\ j=1,\ 2,\ 3,\ \cdots,\ n \end{cases} \tag{3-7}$$

2. 并集式双重垄断的判别

如果该产业具有自然垄断属性的业务与具有行政垄断属性的业务完全不同，则说明该产业的所有业务均只具有一种属性，而该产业为这些业务的集合，所以该产业为并集式双重垄断产业。判别公式表示如下：

$$\begin{cases} \sum_{i=1}^{m} P_i + \sum_{j=1}^{n} P_j = P \\ m+n=x \end{cases} \quad (i,\ j \in N) \tag{3-8}$$

用集合表示为：

$$\begin{cases} N\{i \mid P_i\} \cap A\{j \mid P_j\} = 0 \\ i=1,\ 2,\ 3,\ \cdots,\ m;\ j=1,\ 2,\ 3,\ \cdots,\ n \end{cases} \tag{3-9}$$

3. 混合式双重垄断的判别

(1)自然—交集混合式双重垄断。如果该产业所有的业务均具有自然垄断属性，且其中一部分业务还兼具行政垄断属性(即具有交集双重垄断属性)，则说明该产业具有自然—交集混合式双重垄断属性。判别公式表示如下：

$$\begin{cases} \sum_{i=1}^{m} P_i = \sum_{k=1}^{x} P_k = P \\ \sum_{i=1}^{m} P_i - \sum_{j=1}^{n} P_j > 0 \\ m=x>n \end{cases} \quad (i,\ j,\ k \in N) \tag{3-10}$$

用集合表示为：

$$\begin{cases} A\{j \mid P_j\} \subset N\{i \mid P_i\} \\ N\{i \mid P_i\} = D\{k \mid P_k\} \\ i=1,\ 2,\ \cdots,\ m;\ j=1,\ 2,\ \cdots,\ n;\ k=1,\ 2,\ \cdots,\ x \end{cases} \tag{3-11}$$

(2)行政—交集混合式双重垄断。如果该产业所有的业务均具有行政垄断属性，且其中一部分业务还兼具自然垄断属性(即具有交集双重垄断属性)，则说明该产业具有行政—交集混合式双重垄断属性。判别公式表示如下：

$$\begin{cases} \sum_{j=1}^{n} P_j = \sum_{k=1}^{x} P_k = P \\ \sum_{j=1}^{n} P_j - \sum_{i=1}^{m} P_i > 0 \quad (i,\ j,\ k \in N) \\ n = x > m \end{cases} \tag{3-12}$$

用集合表示为：

$$\begin{cases} N\{i \mid P_i\} \subset A\{j \mid P_j\} \\ A\{j \mid P_j\} = D\{k \mid P_k\} \\ i=1,\ 2,\ \cdots,\ m;\ j=1,\ 2,\ \cdots,\ n;\ k=1,\ 2,\ \cdots,\ x \end{cases} \tag{3-13}$$

(3)全面混合式双重垄断。如果该产业的业务中，一部分具有自然垄断属性，另一部分具有行政垄断属性，而且还有一部分兼具两种属性，则说明该产业具有全面混合式双重垄断属性。判别公式表示如下：

$$\begin{cases} \left(\sum_{i=1}^{m} P_i + \sum_{j=1}^{n} P_j\right) - \sum_{k=1}^{x} P_k > 0 \\ \sum_{k=1}^{x} P_k - \sum_{j=1}^{n} P_j > 0 \\ \sum_{k=1}^{x} P_k - \sum_{i=1}^{m} P_i > 0 \\ m + n > x \end{cases} \quad (i,\ j,\ k \in N) \tag{3-14}$$

用集合表示为：

$$\begin{cases} N\{i \mid P_i\} \cap A\{j \mid P_j\} \neq 0 \\ N\{i \mid P_i\} \subset D\{k \mid P_k\} \\ A\{j \mid P_j\} \subset D\{k \mid P_k\} \\ i=1,\ 2,\ \cdots,\ m;\ j=1,\ 2,\ \cdots,\ n;\ k=1,\ 2,\ \cdots,\ x \end{cases} \tag{3-15}$$

第三节　双重垄断模型的稳定性分析

双重垄断模型的稳定性是指某一产业双重垄断状态（主要指双重垄断形式和程度）的长期性和不易改变性。否则，该产业的双重垄断状态将迟早会发生改变（稳定是一个相对的概念，另外还要排除内外部经济环境的重大变革而导致该行业双重垄断状态的突变）。关于系统稳定性，原俄国数学家 A. M. Liapunov 在《关于运动稳定性的一般问题》一书中从微分方程方面给予了清晰的定义：当一个动力学系统的每一个具体的发展过程都不受或很少受外界或内在因素的影响而保持自己的进程时，则认为该动力学系统是稳定的。相反，如果任何微小的扰动都可能使系统的发展过程发散，以任意大的程度偏离原定的运动轨道，则该系统为不稳定系统。余石把这一概念应用到经济系统中来，他认为如果经济系统被称为不稳定，是指任何微小的扰动都可能导致经济发展过程不稳定，系统迟早达到不可控制的程度；经济系统被称为稳定，是指任何扰动都不会使经济发展不稳，系统最终能稳定在某一水平上。根据这一概念，再结合垄断理论，可以得出：双重垄断模型的稳定性与否取决于自然垄断的可维持性或不可维持性，行政垄断的合理性或不合理性。下文将分别就此问题进行深入分析。

一、自然垄断的可维持性

可维持性（Sustainability）指的是自然垄断企业如何防止潜在的竞争者渗入市场分享利润，保持垄断地位的问题。Sharkey 将可维持价格定义为真正能够阻止拥有同等（或低级）技术的竞争对手进入市场的价格。Panzar 与 Willig 在多产品产业中，把可维持价格定义为使新进入者的利润水平为负，垄断者的利润水平为非负的一组价格。

假设垄断厂商在生产的一系列产品 N 中存在 n 种不同的产品，S 是全部产品 N 的子集，即 $S \in N$。p^m 为垄断厂商对产品集 N 的要价，p_S^e 为进入者对其提供的产品 S 的要价。$\pi(p^e)$ 和 $\pi(p^m)$ 分别为进入者和垄断厂商获得的利润。垄断厂商提供进入者提供不了的 S 以外的服务 $[S]$。因此，垄断厂商的价格变量为 $p_{[S]}^m$，进入者的价格变量为 p_S^m。如果市场仅存在垄断厂商一家时，$Q(p^m)$ 为满足全部市场需求的供应量，当进入者出现时，$Q^S(p_S^e, p_S^m)$ 是对产品集的需求量。

Panzar 与 Willig 认为，当满足以下条件时，价格变量 p^m 是可维持的：

其一，垄断厂商在价格 p^m 处获得非负利润。

其二，进入者的利润为负，即进入者的定价低于垄断厂商的定价。用公式表示为：

$$p_S^e \times Y_S^e - C(Y_S^e) < 0 \tag{3-16}$$

对所有的 $S \in N$，则 $p_S^e \leqslant p_S^m$。

其三，进入者的产品不能满足整个市场对产品的需求量，且进入者的产量不等于垄断厂商的全部产量（排除进入者会精确模仿现存垄断者的全部经营过程的最小可能性）。用公式表示为：

$$\begin{cases} Y_S^e \leqslant Q^S(p_S^e, p_{[S]}^m) \\ Y_S^e \neq Q(p^m) \end{cases} \tag{3-17}$$

此外，Panzar 与 Willig 还提出了生产两种产品自然垄断者的可维持性的充分条件：

$$\frac{\partial y^2}{\partial p_2[\partial C(y^1, y^2)/\partial \gamma^2 - \partial C(0, y^2)/\partial y^2]} + \frac{\partial y^1}{\partial p_2\{\partial C(y^1, y^2)/\partial y^1 - [C(y^1, y^2) - C(0, y^2)]/y^1\}} \geqslant 0 \tag{3-18}$$

新自然垄断理论认为，在强自然垄断条件下（市场需求与平均成本相交于平均成本最低点的左方），垄断企业获得正常利润，提供满足整个市场需要的全部产品或服务，这时自然垄断是可维持的，竞争者很难抢走现存垄断企业的市场。在弱自然垄断情况下，当自然垄断企业盈利时，市场需求与平均成本相交于平均成本上升的过程中。如果由单个企业提供价格等于平均成本时需求的全部产量，企业刚好能够补充其所有成本，则认为该自然垄断是不可维持的。新企业只要把价格定在垄断企业的价格之下，就可能夺走垄断企业的一部分市场份额。这就会刺激其进入市场，虽然这样可能会增加整个行业产品的生产成本，但毕竟可以夺走垄断企业的一部分市场。如果此时缺乏政府的行政保护，则自然垄断市场是不稳定的。

二、行政垄断的合理性

合理的行政垄断要能够利用行政垄断企业为社会整体利益服务，并排除其滥用垄断优势的行为。行政垄断是否合理可以从两个角度来判断：第一，行政垄断领域的合理性，即该领域是否有必要进行行政垄断，如果没有必要，则行政垄断肯定是不合理的；第二，行政垄断方法的合理性，即行政垄断是否高效率，即使在有必要进行行政垄断的领域，如果行政垄断方法不合理，就会导致负面的社会影响，因此，该行政垄断也是不合理的。行政垄断合理性的判断可以用图 3－8 表示。下面将分别进行介绍。

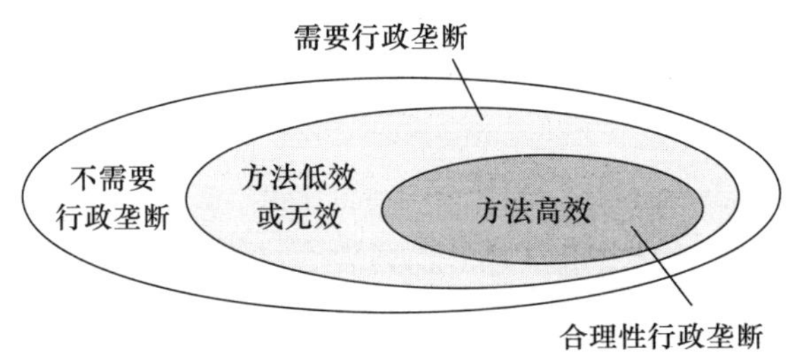

图 3－8　行政垄断合理性的判断

1. 行政垄断领域的合理性

在经济领域中，政府的作用主要是维护自由公平的经济秩序，只有当市场遇

到自身难以克服的困难时，才需要借助政府的行政权力。因此，行政垄断是否应该存在取决于市场本身的需要与否。约瑟夫·斯蒂格利茨认为政府活动的范围基本上是由市场失灵现象界定的。所谓“市场失灵”是指利用市场法则的结果造成对市场发展的阻碍。市场失灵的直接原因是因为市场机制在配置资源过程中存在的自发性、滞后性、不稳定性。市场失灵主要存在于下列领域：

（1）公共产品。公共产品在消费过程中具有非排他性和非竞争性。公共产品一旦被生产出来，生产者不能排除别人不支付价格的消费。而且对生产者来说，多一个消费者，少一个消费者不会影响生产成本，即边际消费成本为零。而对正在消费的消费者来说，只要不产生拥挤也就不会影响自己的消费水平。这类产品如国防、公安、航标灯、路灯、电视信号接收等。所以这类产品又叫非盈利产品，是典型的市场失灵领域。在基础设施领域内投资大，私人投资者没有如此大的能力。个人不愿投资，因此需要政府介入。

（2）外部负效应。外部负效应是指某一主体在生产和消费活动的过程中，对其他主体造成的损害。外部负效应实际上是生产和消费过程中的成本外部化，但生产或消费单位为追求更多利润或利差，会放任外部负效应的产生与蔓延。如化工厂，它的内在动因是赚钱，为了赚钱对企业来讲最好是让工厂排出的废水不加处理而进入下水道、河流、江湖等，这样就可减少治污成本，增加企业利润。从而对环境保护、其他企业的生产和居民的生活带来危害。社会若要治理，就会增加负担。因此需要政府限制企业竞争行为。

（3）效益递增和限制竞争。当自然垄断对社会福利更有利，而自然垄断企业不可维持时，政府应该采取措施规范行业准入。

（4）失业。失业是市场机制作用的主要后果，一方面从微观看，当资本为追求规模经营，提高生产效率时，劳动力被机器排斥；另一方面从宏观看，市场经济运行的周期变化，对劳动力需求的不稳定性，也需要有产业后备军的存在，以满足生产高涨时对新增劳动力的需要。当市场自身无法解决失业问题时，需要政府和行政权力的介入。

（5）公共资源的过度使用。有些生产主要依赖于公共资源，如渔民捕鱼、牧民放牧。他们使用的就是以江湖河流这些公共资源为主要对象，这类资源既在技术上难以划分归属，又在使用中不宜明晰归属。正因为这样，由于生产者受市场机制追求最大化利润的驱使，往往会对这些公共资源出现掠夺式的使用，而不能给资源以休养生息。有时尽管使用者明白长远利益的保障需要公共资源的合理使用，但因市场机制自身不能提供制度规范，又担心其他使用者的过度使用，于是出现使用上的盲目竞争。

（6）信息失灵。在私人市场上总出现信息不足和信息的偏置，信息的不畅可能造成经济资源配置的低效和无效。

上述范围表现了行政权力介入的范围。越过范围的行政垄断应该是不合理的，越过此范围的行政权力是造成非法行政垄断的根源。

2. 行政垄断方法的合理性

上述范围体现了行政权力干预的最大范围。但在上述范围内行使行政权并非全是合理的。还要看行政垄断的方法是否合理、高效。行政垄断也要建立在市场机制之上，如果在上述范围内行政垄断效率低下，甚至不如直接通过市场本身交易的效率高，则行政垄断也是不合理的。合理的行政垄断应该关注社会公共利益和社会整体利益，垄断行为所产生的效率必须大于其所产生的弊端。

科斯认为政府干预的适当界限，就是干预效率。当政府干预的效率大于市场配置的效率，则是有益的干预，否则，就是过当的干预。因此，行政垄断方法合理与否的判断标准是：政府干预所产生的效益大于政府干预所支付的成本，或者说政府干预的界限是否有违有效竞争原则。当政府干预所产生的效益大于成本支出，则是适当的干预；如果小于成本支出，则是不适当的干预，构成行政权力的滥用。对政府干预成本的概算是确立政府干预效率的重要环节。从交易成本角度来讲，政府的过度干预会使政府在配置资源时，其交易费用超过市场正常的交易费用，从而导致配置效率降低。

三、双重垄断的稳定性

根据前文分析，可以对双重垄断的稳定性进行分析。如图 3－9 所示，按照双重垄断的稳定程度可以分为以下五类：

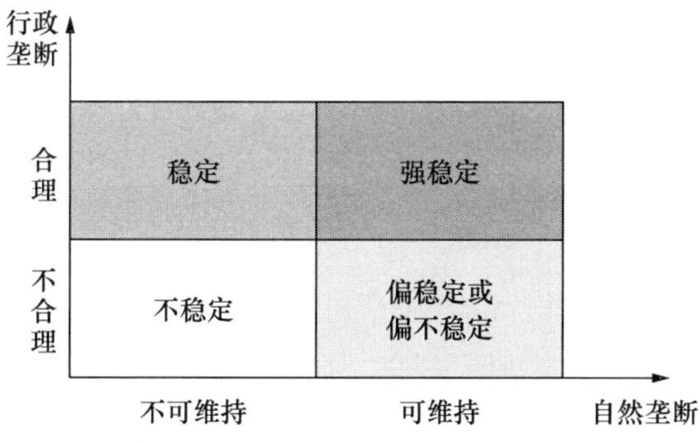

图 3－9 双重垄断的稳定性

1. 强稳定

当自然垄断可维持而且行政垄断合理时，认为双重垄断是强稳定的。因为，可维持的自然垄断本身具有一定的稳定性，再加上合理的行政保护，更加强了双重垄断的稳定性。

2. 稳定

在自然垄断不可维持的情况下，潜在的进入者可能导致行业属性的变化，瓦解现有自然垄断企业的垄断地位。但是合理的行政保护又使得这种可能性降至最小，从而恢复行业稳定性，保证社会福利。因此，认为这种情况下的双重垄断是稳定的。

3. 偏稳定

在强自然垄断情况下，自然垄断本身就具有一定的保护作用，利润空间低或者是零，而且新进入者要支付巨大的沉没成本，这些足够使理性的潜在竞争者望而却步，从而保证了垄断的稳定性。但是不合理的行政垄断可能会给行业带来一些麻烦，造成负面社会效应。但总体来说，认为此种情况下的双重垄断是偏稳定的。

4. 偏不稳定

在弱自然垄断的情况下，虽然自然垄断本身也可能是可维持的，但是微弱的盈利空间或前景可能会吸引一部分潜在竞争者。此时，如果行政垄断是不合理的，则会进一步导致市场紊乱。因此，认为此种情况下的双重垄断是偏不稳定的。

5. 不稳定

此种情况下，自然垄断本身就是不可维持的，潜在的竞争者蜂拥而入，冲击着垄断者的地位，不合理的行政垄断更是雪上加霜，加速着行业格局的变革。因此，认为此种情况下的双重垄断是不稳定的。

第四节　双重垄断模型的内外部演化

不稳定的双重垄断属性势必要向某个方向进行转化。而且稳定是一个相对的概念，即使是强稳定的双重垄断，也不是说就一定会永远保持不变。随着科学技术、市场需求、自然资源、行政理念等自然和社会因素的转变，强稳定的双重垄断也可能会转变为不稳定或消失。

一、双重垄断模型的外部演化

这是指某产业双重垄断属性的消失，从而完全转化为行政垄断、自然垄断、市场垄断或市场竞争，如图 3 - 10 所示。

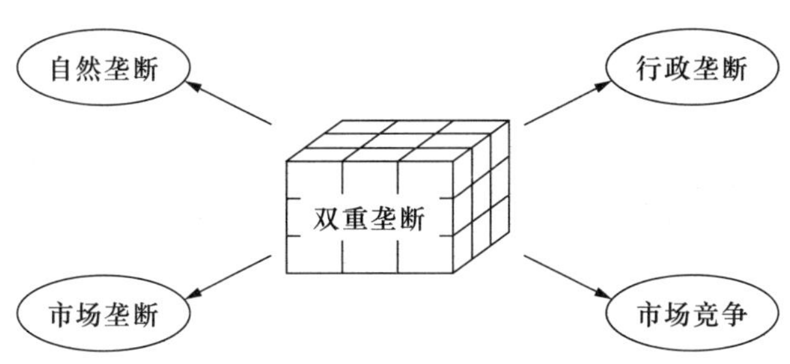

图 3 - 10　双重垄断模型的外部演化

二、双重垄断模型的内部演化

根据双重垄断模型层次的不同，可以分为三类：

1. 双重垄断模型的同层次演化

某产业双重垄断属性在模型中同一层次（交集层面、并集层面、混合层面）的一点转变到另一点，即双重垄断的程度发生变化，但形式不变，如图 3 - 11 所示。

2. 双重垄断模型的异层次演化

某产业的双重垄断属性从一种层次转化到另一种层次，即跨层次进行演化，即双重垄断的形式发生变化，但是程度保持不变，如图 3 - 12 所示。

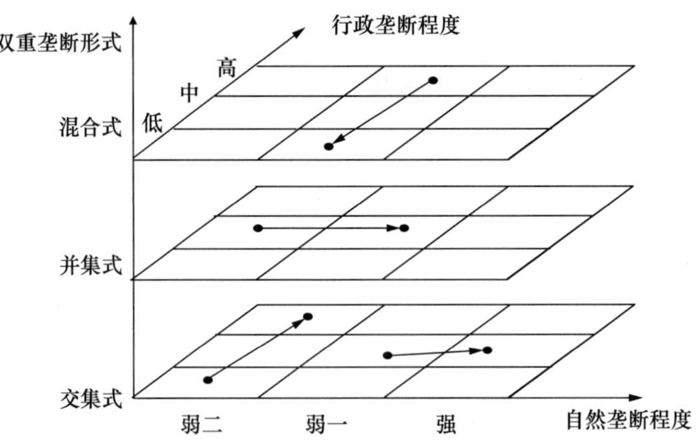

图 3－11　双重垄断模型的同层次演化

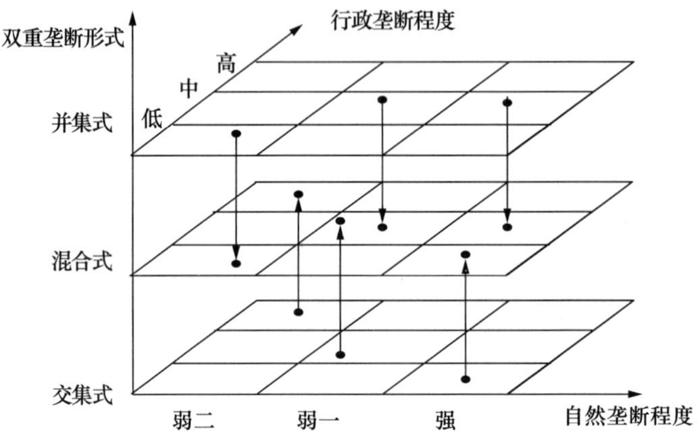

图 3－12　双重垄断模型的异层次演化

3. 双重垄断模型的交叉演化

某产业的双重垄断属性从一种层次转化到另一种层次的同时，双重垄断的程度也发生变化，即双重垄断的形式和程度均发生变化，如图 3－13 所示。

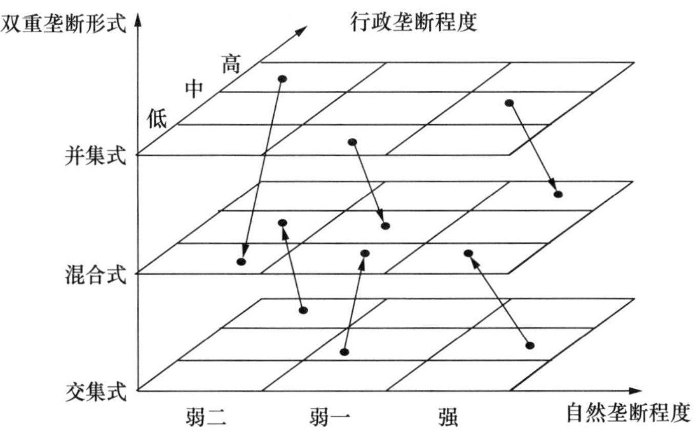

图 3－13　双重垄断模型的交叉演化

第五节　本章小结

本章主要是对双重垄断模型进行研究，并在双重垄断模型研究的基础上对中国公用事业中的双重垄断现象进行分析。双重垄断模型的构建前提包括双重垄断的属性是可以变化的；存在着强自然垄断情况下的行政垄断行为；行政垄断可能是合理的，也可能是不合理的。双重垄断模型可以细分为三个维度，分别为自然垄断程度、行政垄断程度和双重垄断形式。自然垄断可以细分为强自然垄断、第一类弱自然垄断和第二类弱自然垄断三种，行政垄断可以细分为高度、中度、低度三种；双重垄断形式可以细分为交集式、并集式和混合式。本章分别对双重垄断形式和程度的判别进行了研究。双重垄断模型是否稳定取决于自然垄断的可维持性或不可维持性，行政垄断的合理性或不合理性。本章还对双重垄断模型的内外部演化进行了研究。

第四章

中国公用事业双重垄断现象分析及电信行业双重垄断模型实证研究

第一节　中国电信行业背景及双重垄断现象分析

一、中国电信行业背景

1. 改革开放前电信行业基本状况

改革开放前，由于受到高度集中的计划经济体制的影响和优先发展重工业的经济发展战略的制约，国家财政收支状况成为制约邮电发展与投入的直接因素，邮电固定资产投资采取以条条为主、垂直分配、单一划拨的方式。在那段时期，发展电信产业的重要性却主要体现在军事和政治意义上。电信的发展主要是为了党政军令的上传下达，其工作重点主要是为党的中心工作服务。所谓电信企业，首先是党和国家通信机要部门，甚至被当作为无产阶级专政和阶级斗争的工具。

电信部门名为企业，实际上实行半军事化管理，在“十年动乱”期间甚至被划归军队直接领导。

2. 改革开放初期电信行业基本状况

改革开放后，人们开始思索和探讨电信在国民经济中的地位和作用，自1979年下半年起，邮电部门展开了邮电性质、作用与在国民经济中地位的大讨论，破除了“专政工具”论，逐渐明确了邮电通信的社会生产力地位。1979年6月，国务院就批转了邮电部《关于调整邮电管理体制问题的请示报告》，从而重新恢复和调整了由邮电部和省、自治区、直辖市双重领导，以邮电部为主的邮电管理体制。1984年，邮电部党组提出了“四个一起上”方针，即国家、地方、集体、个人一起上。1990年，国务院进一步明确通信建设上条条与块块各自担负的责任，鼓励地方政府把通信纳入当地经济和社会发展的总体规划，发展电信基础设施。

3. 战略重组阶段

1998年3月，根据国务院机构改革方案，成立信息产业部并实现了邮电分营。此后的1999年和2001年，国务院对中国电信实行了两次战略性重组，其主要目的是促进电信产业的竞争。1999年，中国政府将中国电信行业分为四个部分：中国电信公司，主营有线通信及其增值业务；中国移动公司，主营移动业务；中国寻呼公司（后转划给中国联通）；中国卫星公司，主营卫星通信业务。紧接着，由中国科学院牵头，会同铁道部、广电总局和上海市共同出资组建中国网络通信公司，四方各占25%的股份。中国网络通信公司的主要业务就是以宽带数据网络端口为基础提供宽带批发业务、提供接入网、互联网的IP互联成套技术方案等。与此同时又成立了中国吉通、中国铁通两大电信运营商。2001年底，经国务院批准，由信息产业部负责实施，将中国电信分割为南北两个部分，北方部分由华北地区（北京、天津、河北、山西、内蒙古）、东北地区（辽宁、吉林、黑龙江）、河南、山东共10个省（自治区、直辖市）组成，其余地区归属中国南方通信。北方部分和中国网络通信有限公司、吉通通信有限责任公司重组为中国网络通信集团公司；南方部分保留“中国电信集团公司”的名称。南北两部分按光纤数量和信道容量分别拥有中国电信全国干线传输网的70%和30%的产权。

4. “入世”后中国电信行业发展状况

根据中国入世协议有关电信市场开放的承诺，以及中美关于中国加入WTO谈判有关中国电信市场开放的协议，加入WTO后我国电信服务业对外开放的基本情况：实行逐渐开放政策，外资进入要受开放的时间、地域安排限制；企业设立形式为合资，外资不能以独资形式在中国开展任何电信业务；对合资企业中的外资比例有严格限制，并且外资进入的规模和增长速度要受合资企业中资规模和增长速度的限制。但实际来看，电信市场的对外开放程度有限，而且由于外资必须和中资合资才能进入中国电信市场，跨国电信公司在中国不能单独投资建立自己的分公司，因此，外企、外资并没有成为中国电信市场的竞争主体。中国电信市场也没有出现跨国电信企业同中国国内电信企业直接展开竞争的局面。并且受合资比例的限制，外资很难取得对中国电信企业的绝对支配地位，很难控制企业的经营行为。因此，中国电信行业并没有受到太大的外界冲击。目前中国电信业的格局是：中国电信、中国网通、中国移动、中国联通、中国铁通和中国卫星公司为主导，同时存在若干家IP公司和许多家电信增值业务经营企业共同经营的市场结构。

二、中国电信行业双重垄断现象分析

1994年之前，中国电信行业主要由中国电信总局来运营，中国电信总局的所有者和直接管理者为邮电部。政府和企业搅和在一起，这是一个典型的强双重垄断。但是由于与强自然垄断地位不相称的是，强行政垄断导致了中国电信的高利润，也就是说，中国电信并没有按照市场规律定价。这种非正常的高利润吸引

了潜在竞争者——中国联通。从 1994 年开始，中国联通就进入电信业，给这种强双重垄断状态以一定的冲击。但是，邮电部在所有电信业务上仍占据绝对主导地位，集经营、管理、行政于一身。邮电部和中国电信总局利用行政手段，在市场进入、互联互通、网间付费、号码和无线电频率等公共资源的使用上层层阻碍中国联通的发展，试图维持中国电信总局的垄断地位。但是中国联通还是一点点地壮大起来，中国电信行业行政垄断程度开始削弱。1998 年，中国成立信息产业部，用来主管电信行业和电信资费。随后邮政和电信分家，原中国电信分为中国电信、中国移动通信公司（包括中国联通）、中国卫星通信公司三个企业，同时又增加了网通、吉通、铁通三家新公司。这样，电信行业表面上由这七家运营商把持，而实际上又都归属于中央企业工委这样的准权力机构。政府对于电信行业仍有这样那样的行政垄断措施。这从中国电信分家就可以看得出来，无论是分家还是增加新公司，国务院都是以行政命令方式进行的。电信资费调整也是采取国务院直接下文或信息产业部和国家计委联合下文。因此，当今的中国电信行业仍旧是一个双重垄断行业，而且仍旧存在着与自然垄断身份不相称的高利润。只是行政垄断程度减轻了一些，垄断企业增加了一些而已。

三、其他主要公用事业双重垄断现象分析

除电信行业外，其他主要行业，比如电力行业、铁路行业、邮政行业等，也存在类似现象。

1952 年，中央把主要电力企业全部上收，所有的电力投资项目及销售电价的管理权也都上收中央。中央实现对电力行业经营管理、电力行业项目建设、电价管理的高度行政垄断，分别由国务院行业主管部门和计划部门负责。这时的电力行业属于强双重垄断。而且，地方各级计委、物价局、地方各级电力行业主管机构负责地方的电力投资、价格和行业管理。在市场化之后，这些部门演变成了严重的地方行政垄断。20 世纪 90 年代中后期，成立国家电力公司，把原电力工业部行业管理职能转交国家经贸委负责。但是，电力系统仍保持着

条块分割、层层审批的管理框架，行政垄断问题仍旧非常严重。电力行业现行的管制方法基本上还是沿袭计划经济时代的行政审批制。在发电环节的市场准入方面，地方政府拥有自己的项目审批权、核定上网电价权、对用户销售电价权。而且，与电信行业一样，中国电力行业也享受着高利润，定价规则不透明，基础电价被严重扭曲，这归根结底还是由不合理的、高度的行政垄断造成的。从双重垄断模型上来说，现今的中国电力行业仍具备强双重垄断属性，处于偏稳定状态。

中国铁路行业的主管部门是中国铁路总公司，它不仅指定全国铁路行业的市场准入、价格和服务质量等标准，而且还行使着国家铁路市场调度指挥等企业职能，并承担国有资产保值增值责任。同时，国家铁路运输企业还可以根据法律、行政法规的授权，行使部分行政管理职能。由于铁路运输的基本投资巨大，光是铁路建设一项就足以打消进入者的念头。因此，铁路行业属于典型的强自然垄断。但是，中国铁路行业的行政垄断特征也十分明显。从市场准入来看，铁路运输市场绝对禁止其他不拥有铁路的经营者。按照经营主体的不同，我国铁路分为：国家铁路、地方铁路、专用铁路、铁路专用线四类，前两者由政府管理，后两者由企业或其他单位管理，但是这四种铁路都须经政府批准。从铁路运输价格上看，采用严格的政府统一定价。这些都说明了中国铁路行业基本上属于交集式强双重垄断，处于偏稳定状态。

中国邮政行业的主管部门为国家邮政局。目前，国家邮政局既是政府管理邮政业务的行政机构，又是大型国有企业；既具有管理全国邮政企业的职能，承担着监督全国邮政市场的任务，又具有从事邮政业务经营的职能，是国有资产出资人代表，具有实现国有资产保值增值的责任。这说明中国邮政行业又具备高度的行政垄断属性。在市场准入方面来看，《邮政法》明确规定：除了国务院另有规定外，未经邮政企业委托，任何单位和个人不得经营信函、明信片，或其他具有信件性质的物品寄递业务。面对新竞争者，中国邮政行业主管部门利用行政管理权，层层保护本系统企业利益。一些合法经营国际快递业务的国际货代企业被查封。从价格上看，高度的行政垄断使得邮政部门肆意调价，完全不考虑消费市场

的需求情况。比如从1995～1999年，每封平信价格的涨幅达到1000%；报刊发行费用高达报刊定价的40%。因此，中国邮政行业也属于强双重垄断，处于偏稳定状态。

第二节　中国电信行业双重垄断模型验证

中国电信行业由电信设备和电信服务两大部分构成。一般电信设备制造业被认为是制造业的一部分，由于本书的研究对象为公用事业，因此，本书主要对电信服务业进行研究，包括电信运营业以及互联网及增值业务服务业。中国电信经历过两次分割重组，而且是在新进入者不能从根本上解决中国电信产业垄断的情况下进行的。政府改革电信行业的目的是促进良性竞争，还原电信行业的应有面貌。因此，与其他中国公用事业部门相比，电信行业的发展历程和改革方向较为典型。因此，本书选取电信行业作为案例对双重垄断模型进行验证。

一、行业业务分解

根据《中华人民共和国电信条例》，所谓电信是指利用有线、无线的电磁系统或者光电系统，传送、发射或者接收语音、文字、数据、图像以及其他任何形式信息的活动。电信业务可分为基础电信业务和增值电信业务。基础电信业务是指提供公共网络基础设施、公共数据传送和基本话音通信服务的业务；增值电信业务是指利用公共网络基础设施提供的电信与信息服务的业务。《中华人民共和国电信条例》规定的详细电信业务分类如下：

1. 基础电信业务

（1）固定网络国内长途及本地电话业务。

（2）移动网络电话和数据业务。

（3）卫星通信及卫星移动通信业务。

（4）互联网及其他公共数据传送业务。

（5）带宽、波长、光纤、光缆、管道及其他网络元素出租、出售业务。

（6）网络承载、接入及网络外包等业务。

（7）国际通信基础设施、国际电信业务。

（8）无线寻呼业务。

（9）转售的基础电信业务。

第（8）项、第（9）项业务比照增值电信业务管理。

2. 增值电信业务

（1）电子邮件。

（2）语音信箱。

（3）在线信息库存储和检索。

（4）电子数据交换。

（5）在线数据处理与交易处理。

（6）增值传真。

（7）互联网接入服务。

（8）互联网信息服务。

（9）可视电话会议服务。

一般而言，电信行业的主要业务包括六类，如表 4－1 所示，其中长途电话分为国际长途和国内长途。电信行业经过两次重组后，这六类业务主要由六大电信公司负责经营。为了促进竞争，目前这六大电信公司基本上都不是经营所有电信业务的全业务公司。比如中国电信、中国网通只经营固定业务，中国移动只经营移动业务，中国卫星只经营卫星通信，中国铁通只经营固定本地业务。中国联通涉及的业务最多，几乎所有业务都经营，但是固定本地业务只取得了天津、重庆、成都等城市的经营许可证。关于无线寻呼业务，2003 年，联通已经将经营

寻呼业务的子公司联通国脉卖给卫通，而卫通只要联通国脉的通信频段和业务平台，不要上面运营的寻呼业务，寻呼业务已经名存实亡。2005 年，联通又申请上报了全面退出寻呼业的申请，2007 年 3 月，得到信息产业部批准，寻呼业务全面停止。因此，下文只分析其余的五类电信业务。

表 4－1 电信行业业务分类及其经营情况

电信业务	主要经营企业
固定本地	中国电信，中国网通，中国联通，中国铁通，电力、石油等各专用网公司和一些企业通信网
长途电话（含国际国内长途业务）	中国电信，中国网通，中国联通，中国移动
移动电话	中国移动，中国联通
出租电路	中国电信，中国网通，中国联通，中国铁通
无线寻呼	放开经营，中国联通等企业
增值业务	放开经营，中国移动、中国电信、中国联通等企业

二、双重垄断程度分析

1. 自然垄断程度分析

电信行业具备明显的成本弱增性和规模经济性。电话网的建设需要大量的初始投资，固定成本远大于可变成本。电话用户越多，每个电话用户所分摊的共用固定成本越少，即每户的平均成本随用户规模的扩大而递减。当用户数量达到相当规模后，电信企业便开始盈利。

电信行业还具有一定的范围经济性。电信的不同业务服务产品或多或少可以共用设施，一家先进入市场的电信企业，在经营多种业务时的各业务成本，要低于其他经营任何单一业务的新公司的成本。

电信行业还具有巨大的沉没成本。电信行业的初始投资巨大，而这种投入即使无效益也难以转为他用。因此，电信垄断一旦形成，便具有较强的可维持性。此外，无线通信得到广泛应用后，频谱的稀缺性也成为电信垄断经营的重要理由。

从以上三点可以看出，电信行业普遍具有自然垄断属性。

在我国电信业的改革过程中，价格是电信产业结构类型和市场竞争程度的反映。从发展历程来看，政府为了改善电信企业运营的低效率，通过分拆、横切等行政手段强行将电信行业从强自然垄断推向第一类弱自然垄断阶段，并通过非对称管制政策，将潜在进入者变成实际进入者。随着相对弱小的运营商在网络服务、市场开拓方面力量逐渐强大以及政策的导向性作用，原来处于绝对控制地位的运营商也不得不采取措施来加强竞争。

以政府为主体的定价模式，对于在第一类弱自然垄断阶段具有强烈的引导作用。在第一类弱自然垄断阶段，企业之间可以直接竞争的数量很少，并且价格是由居于支配地位的垄断者决定的，如果考虑政府规制的因素，那么政府主导定价是其最为常见的表现。在第一类弱自然垄断阶段，电信价格反映的是国家作为股东的意志。

目前，我国电信行业已呈现出第二类弱自然垄断的一些特点。最为明显的标志是原有以政府为主体的定价机制逐渐削弱，但是以市场为中心的定价模式还没有形成。在第二类弱自然垄断阶段，由于参与竞争企业数目的增加和市场容量的扩张以及政府规制费用的上升和信号的扭曲，政府的作用逐渐弱化；相反，价格机制中的供给者与需求者以及双方内部的竞争都会对价格产生不同程度的影响，所以政府应适当进行放松管制。

王俊豪给出了电信行业一些主要业务的自然垄断程度，本书对其进行补充和完善，如表 4－2 所示。

表 4 - 2 电信行业主要业务及其性质

主要业务	价格规制情况	自然垄断程度
固定本地	政府定价，实行较严格的价格管制	强自然垄断性
长途电话	政府指导价格，逐步放松价格管制	第一类弱自然垄断性
移动电话	政府指导价格，分阶段放松价格管制	第一类弱自然垄断性
出租电路	政府定价	第二类弱自然垄断性
增值业务	偏竞争性定价	偏竞争性

2. 行政垄断程度分析

关于电信行业，中国政府的基本管理思路是：按照业务类型制定相关管制政策。对于竞争性业务，政府基本采取放松进入规制，允许新企业进入，但政府仍然要控制进入竞争性业务领域的企业数量，并要求这些企业必须达到最小的经济规模。而对于自然垄断性业务，为了避免重复投资、浪费资源，政府严格控制新企业进入这些业务领域。政府对电信行业的行政保护使得电信行业带有一定的行政垄断属性：政府对于竞争业务新进入企业规模和数量的控制其实已经构成了进入壁垒，这直接导致了目前国内电信领域部分所谓的竞争性业务仍旧是由若干家大企业把持的局面，比如出租电路业务，基本上还是中国电信、中国网通、中国联通、中国铁通等大型电信公司垄断经营。电信行业主要业务的进入管制情况如表 4 - 3 所示。

表 4 - 3 电信行业主要业务进入管制情况

主要业务	进入管制情况
固定本地	实行较为严格的进入管制政策，培育新企业成长，向广播电视网开放
长途电话	适度放松管制，允许新企业进入
移动电话	分阶段放松管制，允许现有大型电信企业进入
出租电路	实行许可制度
增值业务	基本取消进入规制

本书主要通过中国电信、中国移动、中国联通、中国网通四大国营电信运营商来分析中国电信行业的行政垄断程度。本书采用 2006 年中国电信行业经营数据，其中，中国移动公司的移动电话用户包括签约用户和预付费用户（主要包括全球通及与本集团签订服务合约的用户；预付费用户主要包括神州行、动感地带及针对低使用量用户市场推出的本地品牌或套餐产品用户）；出租电路全国总量为总长途通信能力。

表 4－4　2006 年中国电信行业经营状况

主要业务	电信	移动	联通	网通	全国总量
固定本地（百万户）	223.05	—	—	114.93	367.81
长途电话（含国际国内长途）（百万分钟）	971.68	742.40	243.60	342.36	3459.00
移动电话（百万户）	—	301.20	142.37	—	461.08
出租电路（千条，2M）	228.19	—	58.00	171.25	1476.52
增值业务（亿元）	141.33	693.09	172.5	54.21	1480.00

资料来源：中国信息产业网，http：//www.cnii.com.cn/。

根据第三章式（3－4）计算结果如下：

（1）固定本地业务：$CR_1=91.89\%$，属于高度行政垄断；

（2）长途电话业务：$CR_2=66.49\%$，属于中度行政垄断（偏高）；

（3）移动电话业务：$CR_3=96.20\%$，属于高度行政垄断；

（4）出租电路业务：$CR_4=30.98\%$，属于中度行政垄断（偏低）；

（5）增值业务：$CR_5=71.70\%$，虽然已经基本取消进入规制，但是由于电信企业利用行政手段分得部分利润，因此属于中度行政垄断（偏高）。

3. 双重垄断程度分析

根据前文分析，可以判断电信行业五大业务的双重垄断程度，如图 4－1

所示。

（1）固定本地业务。具有强自然垄断和高度行政垄断属性，因此属于强双重垄断。

（2）长途电话业务。具有第一类弱自然垄断和中度行政垄断（偏高）属性，因此属于C类中双重垄断。

（3）移动电话业务。具有第一类弱自然垄断和高度行政垄断属性，因此属于B类中双重垄断。

（4）出租电路业务。具有第二类弱自然垄断和中度行政垄断属性，属于微偏行政垄断。

（5）增值业务。具有中度行政垄断属性，但偏向于市场竞争，因此偏于行政垄断属性。

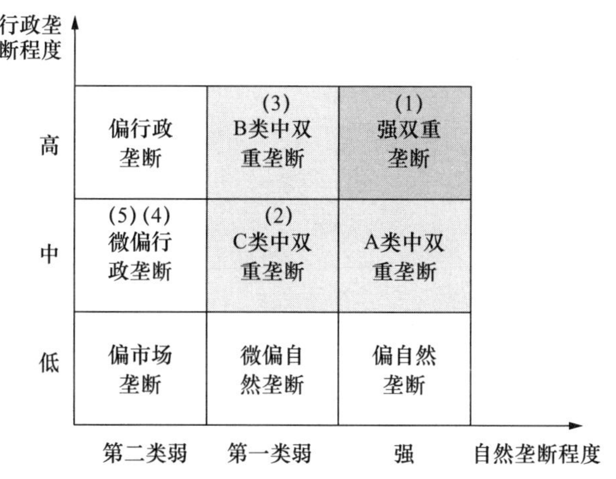

图4－1　双重垄断程度分析

注：（1）固定本地业务；（2）长途电话业务；（3）移动电话业务；（4）出租电路业务；（5）增值业务。

三、双重垄断形式分析

根据前文分析，可以对电信行业的各主要业务的垄断形式进行定位，如表

4－5所示。从表4－5中可以看出，电信行业中，具有双重垄断特性的业务包括：固定本地业务、长途电话业务、移动电话业务等。

表4－5 电信行业各主要业务垄断形式

主要业务	业务性质一	业务性质二	垄断形式
固定本地	强自然垄断性	高度行政垄断	交集式双重垄断
长途电话	第一类弱自然垄断性	中度行政垄断	交集式双重垄断
移动电话	第一类弱自然垄断性	高度行政垄断	交集式双重垄断
出租电路	第二类弱自然垄断性	中度行政垄断	交集式双重垄断
增值业务	偏竞争性	中度行政垄断	偏行政垄断

根据表4－5可以对电信行业的整体垄断形式进行判断。如图4－2所示，电信行业中的固定本地业务、长途电话业务、移动电话业务等构成了交集式双重垄断，而它们由于出租电路业务构成并集式双重垄断，所以，从整体上看，电信行业属于行政—交集混合式双重垄断。

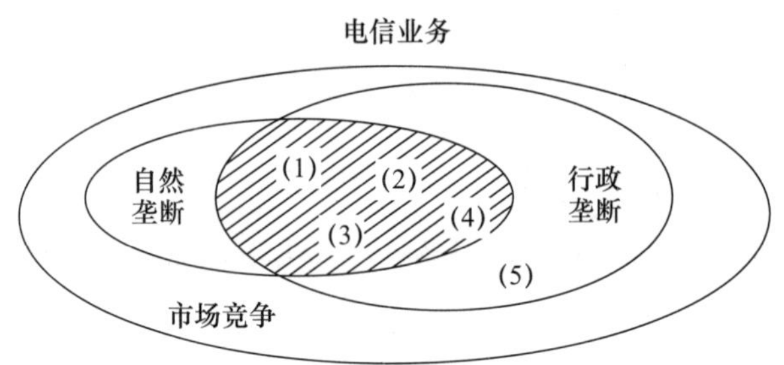

图4－2 电信行业双重垄断形式

注：(1) 固定本地业务；(2) 长途电话业务；(3) 移动电话业务；(4) 出租电路业务；(5) 增值业务。

四、中国电信行业双重垄断稳定性

1. 自然垄断的维持性分析

中国电信行业从整体上看处于弱自然垄断状态，也就是说电信行业具有一定

的利润空间，这样，潜在竞争者就会因为利润的刺激而进入市场。从中国电信行业的实际经营情况来看，电信行业不仅盈利，而且是高利润。这更增加了该行业对潜在竞争者的吸引力。

技术进步与需求增长也对电信产业的自然垄断性产生影响。

（1）电信产业的技术进步，在相当程度上体现在通信网络的技术进步上。早在“九五”期间，通信网就实现了人工网向自动网、小容量向大容量、模拟技术向数字技术、单一业务向多样化业务的转变。近几年来，电信产业的技术进步正以更快的速度发展。这为新企业进入电信产业，建立以最新技术支持的通信网络，比原有企业提供质量更好、价格更低的电信服务提供了技术条件，其结果是大大缩小了电信产业自然垄断性业务的范围。从前文分析可以看出，在电信行业多个领域，均存在多家竞争性企业。电信产业的自然垄断性主要体现在本地电话业务领域。但随着电信管制体制改革的深入，将来有线电视网也可以用来经营本地电话，形成数网竞争的格局，这时，本地电话业务领域的自然垄断性也会大大降低，甚至变成竞争性。

（2）电信需求的高速增长也为中国电信产业自然垄断性的变化提供了市场条件。“九五”时期，中国电信产业在大力发展固定电话业务的同时，以移动通信、数据通信、国际通信为重点，大力发展各类电信新业务，积极培育新的业务增长点，为社会提供了多样化、多层次的电信服务。中国电信市场的巨大需求，突破了原来决定电信产业自然垄断性的成本弱增性的边界，为具有最小经济规模以上的新企业进入电信产业提供了市场条件，而各种经济规模要求小的新业务不断出现，更为新企业的进入创造了市场条件。

由以上分析可以得出，目前中国的电信行业，如果没有政府保护所造成的进入壁垒，将会吸引大量的投资者，其自然垄断性基本处于不稳定状态。

2. 行政垄断的合理性分析

目前，中国政府对于电信行业的进入规制政策是：电信业务经营按照电信业务分类，实行许可制度。经营基础电信业务，须经国务院信息产业主管部门审查批准，取得《基础电信业务经营许可证》。经营增值电信业务，业务覆盖范围在两个以上省、自治区、直辖市的，须经国务院信息产业主管部门审查批准，取得《跨地区增值电信业务经营许可证》；业务覆盖范围在一个省、自治区、直辖市行政区域内的，须经省、自治区、直辖市电信管理机构审查批准，取得《增值电信业务经营许可证》。运用新技术试办《电信业务分类目录》未列出新型电信业务的，应当向省、自治区、直辖市电信管理机构备案。这些政策为电信行业的垄断提供了一定程度的保障。从理论上来说，目前中国电信行业整体上仍具有自然垄断性，因此政府采取一定的进入规制措施也是应该的。但是，现实中采取这些行政保护措施是否合理却是另外一个层面上的问题。

本书认为行政垄断的合理性需要从两个角度进行衡量：行政垄断的领域和行政垄断的方法。表面上看来，由于电信行业的自然垄断性，在该领域采取行政保护措施是合理的。但是，从前文分析可以得出，电信行业中的部分业务是竞争性的。“一刀切”地采用行政措施进行保护，一方面可能会加固现有企业的垄断地位，另一方面却使它们利用双重垄断地位来经营竞争性业务，从而挤垮对手，在竞争性业务中形成市场垄断。也就是说，电信行业的行政垄断的存在在部分领域是合理的，而在另一部分领域是不合理的。对于不合理的领域来说，既然行政垄断的存在已经不合理，就没必要再去讨论具体的方法问题了。

那么对于可以存在行政垄断的领域来说，其具体的方法又是否合理呢？从现实来看，现在单一的政府财政与优惠政策难以满足电信产业巨大的投资需求。新中国成立之初，电话用户绝大部分是党政等机关和工矿企事业单位，居民家庭用户极少。在计划经济体制下，电信具有基础性和公益性，又涉及国家的安全，因此采用行政垄断方式具有一定的合理性。随着社会经济的发展，对电信的市场需求不断扩大，而仅靠政府单一投资显然不能满足电信产业的发展需要，从而导致供需矛盾。为了缓解矛盾，从 20 世纪 80 年代开始，中国政府对电信产业采取了一系列优惠政策，比如，收取市话初装费、加速折旧、“以话养话”等。但是，政府的优惠政策不可能作为长期投资的来源，它无法满足电信产业因技术进步与市场需求快速增长而引起的巨大投资需求，而电信企业

向银行贷款不仅有一定的限度，而且要支付大量的利息。因此，政府优惠政策的改革也应运而生。

行政垄断导致了中国电信行业的政企不分，规制机构和被规制的企业利益一体。经过两次重大重组之后，表面上中国电信已经实现了政企分开，而实际上现在的电信企业只是不与原来的主管部门信息产业部政企一体。现在的各大电信企业都直属中央，在中央一级，电信行业仍旧是政企不分。目前的国企领导人也未必愿意进行彻底的产权改造，因为改造的后果是使其失去在企业中的地位。在涉及经营企业与消费者利益关系的资费政策上，信息产业部往往不是从规制者的中立地位出发，兼顾消费者和经营者双方的利益，而是只关心经营者的利益。只有受到上级部门和社会舆论的强烈攻击时，才会做出象征性的反应。另外，目前的规制办法对新企业的保护不够。一些电信企业采用非市场手段，甚至破坏竞争对手的通信设施的行为，也没有受到严肃处理。在对原电信分拆出来的企业和新进入的企业上，信息产业部一般也会支持原有企业。

中国加入世贸组织时所签订和必须遵守的一些协议，对于中国电信行业行政垄断问题也产生了很大影响。比如，公布影响外国电信业务提供者从事电信服务的市场准入法规和使用中国公用电信网及其业务的法规；各成员国须遵守的最起码的电信市场准入标准；各成员国承诺允许其他成员国的业务提供者进入其国内市场经营基础电信业务，准许国外资本介入电信业务领域。这说明，作为一个法定义务，中国电信行业必须逐渐对外开放，允许相当数量的外国民营企业进入中国电信产业。

从以上分析可见，中国电信行业的发展趋势是从自然垄断行业转为市场竞争行业。从这个趋势上来看，目前的行政垄断是不合理的。对电信行业进行产业改革是大势所趋。实际上，中国政府也正在朝着这一方向努力。

3. 双重垄断的稳定性分析

从整体上来说，目前电信行业的双重垄断性是不稳定的。但是从表面上看，目前的电信行业却是稳定的。这其实是一种表象，这是由不合理的行政垄断所造成的。行政垄断给中国电信行业以与时代不相称的保护，而这种保护是不能长久的。因此，可以说目前的电信行业是暗流涌动。另外，相对于其他业务而言，由于本地固话的自然垄断性要更强一些，因此，本地固化业务要相对稳定一些，处于偏不稳定状态，如图 4 －3 所示。

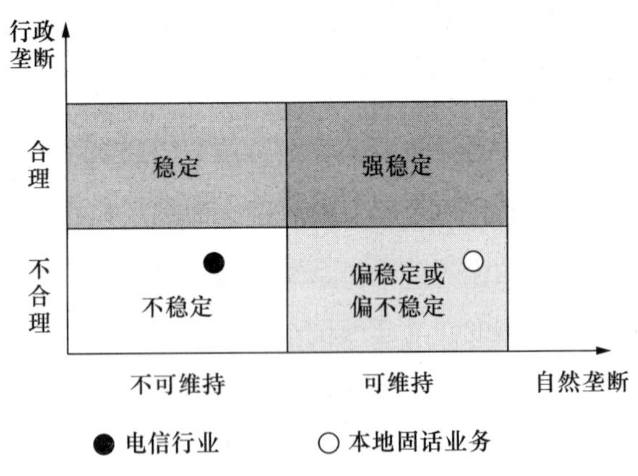

图 4 －3　电信行业双重垄断稳定性

第三节　双重垄断模型实证结果分析

由于我国的垄断大多数是从计划经济转化过来的。因此，很多自然垄断行业不是通过市场竞争、自然而然产生的，而是依靠行政力量形成的。在中国的自然垄断行业中，行业主管部门或地方政府与国有企业之间的政企不分甚至政企一体化现象十分严重，垄断利益和行政权力相结合导致了极强的双重垄断势力。

第一，双重垄断概念的提出是符合当今中国部分公用事业部门的垄断现状的。无论是电信行业、电力行业、邮政行业还是铁路行业都存在着不同程度的双重垄断现象。其中后三者仍属于强双重垄断阶段，但是由于自然垄断和行政垄断

的双重力量，使得这三类行业至少目前还处于稳定状态。

第二，行业的垄断特征不是一成不变的，双重垄断只是其中的一个过渡阶段。从发展趋势上来看，各行业的双重垄断程度在逐渐削弱。其中以电信行业最为明显，它扶植竞争者、南北分家以及试图以政企分开等方法弱化行政垄断程度。电力行业也在20世纪90年代中后期成立国家电力公司，把原电力工业部行业管理职能转交国家经贸委负责。在邮政行业中，也出现了一些新的快递公司。铁路行业改革也是大势所趋。

第三，不同的自然垄断程度和行政垄断程度，造成了不同的双重垄断程度。从电信行业的分析来看，其固定本地业务属于强双重垄断，长途电话业务和移动电话业务属于中双重垄断，出租电路业务属于微偏行政垄断，而增值业务则属于行政垄断。

第四，在同一行业中也可以包含多种垄断形式。在同一行业中如果存在着多种业务的话，随着业务的不同，双重垄断的形式也可能不同。在电信行业的双重垄断形式分析可以发现，其固定本地、长途电话、移动电话、出租电路业务都属于交集式双重垄断，其中出租电路业务的市场竞争现象最明显。而电信行业的增值业务的市场进入也已经放开，只是由于时间的关系，目前大部分市场还掌握在少数国有企业中，但从长远来看，该业务在走向市场竞争阶段。

第五，目前中国的双重垄断现象还会维持一段时间，即在目前的经济条件下，还具有一定的稳定性。从理论上来说，具有可维持性自然垄断和合理性行政垄断的是稳定的。对于中国电信行业来说，从政府观念的转变、既得利益者的阻挠、经济的惯性等方面来说，都不可能一下子完全消除行政垄断。因此，目前的电信行业双重垄断还会维持一段时间。而对于电力行业、铁路行业、邮政行业来说，本身自然垄断程度以及行政垄断力量的强大，使得它们的双重垄断更加稳定，其削弱行政垄断所经历的时间将会更长。

第四节　本章小结

本章是在前文双重垄断模型的基础上，以电信、电力、铁路、邮政等行业为代表，对中国公用事业的双重垄断现象进行分析。分析发现，电信、电力、铁路、邮政行业的双重垄断现象极为严重，并将持续很长时间。本章还以电信行业为例对双重垄断模型进行验证：首先对电信行业业务进行分解，针对不同业务分析其双重垄断程度和双重垄断形式，其次分析电信行业双重垄断的稳定性，最后本章对双重垄断模型实证结果进行了讨论。

第五章

中国公用事业双重垄断规制模式设计

第一节　公用事业双重垄断规制基本理论

一、规制的定义

植草益把规制（Regulation 或 Regulatory Constrain）定义为依据一定的规则对构成特定社会的个人和经济活动主体的活动进行限制的行为。一般用来指有规定的管理，或有法规条例的制约。在经济学中，规制一般特指政府对私人经济部门的活动进行的某种限制或规定，如价格限制、数量限制或经营许可等。因此，本书所研究的规制是以政府为主体的，因此属于公共规制的研究范畴。

规制存在的主要前提是市场失灵。当出现市场失灵时，资源配置是非帕累托有效的；政府对这些领域进行规制，正是为了实现帕累托改进，即如果自由市场在有效配置资源和满足消费者需求方面不能产生良好绩效，则政府将规制市场以纠正这种情形，是垄断产生了对政府规制的需求。

规制分为间接规制和直接规制两种。间接规制主要指对不公平竞争的规制，即司法机关通过反垄断法、民法、商法等法律对垄断等不公平竞争行为进行间接制约。直接规制措施由行政机关和立法机关直接实施干预行为。

直接规制又分为经济规制和社会规制两种。其中，经济规制是针对特定产业的规制，如对自然垄断产业的规制，对公用事业、交通、通信、金融等行业的进入、退出、价格、投资等进行规制。经济规制的目的是防止发生资源配置低效率和确保使用者公平利用。社会规制是不分产业的规制，它是从维护社会公众利益角度出发对产业实施规制，比如环境、公共健康、安全等方面的问题。社会性规制的主要目的是维护社会安全。

二、基本规制理论

目前，经济学领域主要的规制理论包括：公共利益规制理论、规制俘虏理论、规制经济理论、激励性规制理论和规制替代理论等。

1. 公共利益规制理论

公共利益规制理论产生的直接基础是市场失灵。公共利益规制理论意味着政府会对市场失灵进行规制以使市场尽可能地达到竞争性方案运作，且规制范围与失灵范围成正比。公共利益规制理论被看作是对市场失灵实证分析的规范反映。作为一种规范分析，公共利益规制理论说明规制之所以存在是它反映了公众的需求，并纠正了市场失灵和实践中存在的不公平行为。通过规制可产生净福利收益，正是潜在的福利收益产生了公众对规制的需求。

基于公共利益的政府规制理论依赖于两个关键假设：政府是做好事的，以追求社会利益最大化为自己的目标；政府规制是基于完全信息的。如果放松这两个基本假设，则会出现与公共利益理论完全不同的结论。针对第一个假设的放松，产生了规制俘获理论；而对第二个理论假设的放松，则产生了激励性规制理论和规制替代理论。

2. 规制俘虏理论

Posner 在对 19 世纪美国产业规制史进行研究的过程中发现，规制与市场失灵并不太相关。规制俘获理论批评了政府规制的公共利益假定，指出作为规制者的政府并不总是站在公共利益的立场，政府规制是特殊利益集团寻租的结果。

Stigler 认为，经济规制的中心任务是解释谁是规制的受益者或受害者，政府规制采取什么形式和政府规制对资源分配的影响，受规制产业并不比无规制产业具有更高的效率和更低的价格。Peltzman 继而在市场失灵、政府规制结果的预测，以及政府在经济规制上的有效性三个层次上更全面地阐述了规制俘获理论。他认为无论规制者是否获得利益，被规制产业的产量和价格并没有多大的差异，其主要差别只是收入在各利益集团之间的分配。Williamson 指出政府规制是在消费者与企业之间、企业与企业之间组织交易的一种方法；而在不存在政府规制的情况下，让具有不同市场力量的消费者和企业实现外部交易也许更有效。

3. 规制经济理论

规制实践表明，规制与市场失灵的存在不完全相关，而且也不完全支持生产者。1971 年，Stigler 发表《经济规制理论》，尝试运用经济学的基本范畴和需求—供给的标准分析方法来分析规制的产生，开创了规制经济理论。此后，Peltzman 和 Becker 对规制经济理论进行了发展和完善。

规制经济理论的前提是国家控制资源，各利益主体追求效用最大，而规制则是各利益集团博弈的结果。该理论认为：规制立法机构起着重新分配社会财富的作用；立法者（或者规制者）的行为受其谋求继续在位的政治动机驱动；利益集团之间互相竞争，向立法者提供政治支持以换取对自己有利的规制立法。因此，由于那些组织良好的利益集团能够更有效地提供政治支持，立法总是对它们有利。

Stigler 认为规制由产业谋取，并主要根据其利益来设计和运作。根据此观点建立了 Stigler 模型。该模型具有三个主要因素：规制立法重新分配财富，规制形式的最主要决定因素是规制将财富在社会成员间转移的方式；立法行为是追求政治支持最大化；利益集团为获得可接受的立法而以提供政治支持方式进行竞争。因此，规制能使组织良好的利益集团获益。Stigler 认为，由于企业对立法过程的影响大于消费者，因此，最后的规制结果必然是有利于生产者。

4. 激励性规制理论

针对传统垄断产业规制所引起的失灵与低效问题，各国进行了规制改革。西方国家普遍意识到，放松规制并不是完全取消规制，而是为了实现获得竞争性收益、减少垄断的非效率、降低交易成本和防止规制所造成的低效率等目标。这种情况下，Laffont 和 Tirole 将激励理论和博弈论应用于激励性规制理论分析，创立了激励规制理论。激励性规制被看作为规制改革的基本目标。植草益把激励性规制定义为在保持原有规制结构的条件下，给予被规制企业提高内部效率刺激的各种机制。

激励性规制给予受规制企业一定的价格制定权，让其利用信息优势和利润最大化动机，主动提高内部效率、降低成本，并获取由此带来的利润增额。因此，相对于传统规制而言，激励性规制更强调关注企业的产出绩效和外部效应，而较少控制企业的具体行为，企业在生产经营中具有更大的自主权。激励性规制方法较多，包括价格上限规制、特许投标规制、延期偿付率规制、利润分享规制、联合回报率规制、区域间竞争规制、菜单规制等。

5. 规制替代理论

规制替代理论主张以各种形式的竞争来代替规制。该理论对规制政策的效果进行检验，为在实践领域推动放松规制提供了理论基础。代表性的规制替代理论包括特许投标理论和可竞争市场理论。

特许投标是通过竞标的方式把经营权授给愿意以最低价格提供产品或服务的企业。Demsetz 建议在政府管制中引进竞争机制，对独家经营权进行拍卖，让多家企业进行竞争，在一定的质量要求下，由报价最低者获得经营权，以此方式来代替管制。如果在竞标阶段有比较充分的竞争，那么价格可以达到平均成本水平，获得特许经营权的企业也只能得到正常利润。Laffont 和 Tirole 对此进行了证明。特许投标理论提供了一种即使在规模经济情况下也可以实现竞争的思路。但其理论前提：进入市场的竞标者都有权获得特许提供者原有的设施；竞争对手之间没有合谋。因此，特许投标理论有一定的局限性。另外，政府如何制定最低的质量标准，也是该理论实际操作中经常遇到的问题。

可竞争市场理论是由 Baumol、Panzar 和 Willig 等提出来的。可竞争市场理论的假设条件是：企业进入和退出市场（产业）是完全自由的；相对于现有企业，潜在进入者在生产技术、产品质量、成本等方面不存在劣势；潜在进入者能够根据现有企业的价格水平进入市场盈利；不存在沉淀成本。因此，即使市场上的成本结构是弱增性的，也可以因为存在市场下的竞争，使得主导企业按照平均成本定价，从而达到次优的福利状态。如果市场是可竞争的，没有规制比规制更可取。而实际上，对于本书研究的主体来说，其自然垄断属性就决定了巨额沉淀成本的存在，因此，可竞争市场理论对于双重垄断性公用事业部门的规制并不能起太大作用。

三、公用事业双重垄断规制的必要性

1. 抑制企业垄断价格，维护社会分配效率

双重垄断部门有可能会利用自己的垄断地位去追求自身利益最大化，将消费者的利益转移到垄断部门，以损害公共利益为代价。如果任由垄断企业自行定价，就会出现远远高于实际成本的垄断高价。这种情况既损害了整体经济效率，也损害了社会公平和社会福利。

2. 防止破坏性竞争和浪费，保证经济效率和供应稳定

对于具有自然垄断属性的行业而言，其经营需要巨额投资，投资回报周期长，资产专用性强，由一家或少数几家企业垄断经营能使社会效率最大化。具有自然垄断属性行业的充分竞争属于浪费性和破坏性竞争，它将导致企业不能取得正常利润甚至亏损。而对于行政垄断属性来说，限制了市场竞争的公平性，使竞争机制难以发挥作用，部分或全部地取消了经济机会均等和经济平等，违反经济民主原则，破坏经济秩序。

3. 防止双重垄断企业利用垄断地位额外经营竞争性业务，造成不正当竞争

例如，双重垄断企业可能利用其自然垄断地位在垄断性业务领域制定高价，在竞争性业务领域制定低价，通过内部业务交叉补贴行为排斥其他竞争企业。还可能将垄断性业务和非垄断性业务进行联合定价，通过捆绑经营和搭载销售获取垄断利润。为制约双重垄断属性企业的这种不正当竞争行为，需要政府实行经济管制。

4. 实现政企分家

自然垄断和行政垄断搅在一起的最大后果就是政企不分，政府既是管理和监督机构，同时又是经营单位。特别是在中国长期单一的产权结构与长期实行计划经济体制的惯性，导致这种现象尤其严重。在国家财力非常有限的情况下，政府还要将一部分财政资源用于补贴众多公用事业单位的亏损。与此对应的是，部分公用事业单位一方面享受着高利润、高收入，另一方面却不断伸手向政府要钱。

5. 削弱市场竞争与国有资产的保值增值目标的矛盾

对于垄断者来说，追求垄断利润是其本能。因此，对于国家所有的垄断企业来说，追求国有资产的保值增值是其不可推卸的责任。国家希望通过市场竞争来

改变由行政垄断造成的种种不合理现象。问题出在这些行业本身又具有自然垄断属性，这样政府就陷入了两难境地。要么牺牲市场效率来换取国有资产的保值增值；要么牺牲国有资产的保值增值来换取竞争效率。前者导致市场竞争让位于行政垄断，损害社会公共利益；后者导致国有资产流失，同样不合理。

6. 削弱行政性委托代理和企业经济性委托代理之间的矛盾

在双重垄断的公用事业产权所有者和经营者之间，存在两种委托代理关系：行政性的委托代理关系和经济性的委托代理关系。前者建立在对企业经营者的政府官员定位上，追求的是经营者的所谓政绩；后者建立在对经营者企业家身份的定位上，重点追求经营者的经营业绩。因此，公用事业经营者便在双重标准下接受考核，这使得经营者要经常在企业家和政府官员之间进行角色转换，很难完全游离于政府以外而纯粹站在企业的角度考虑经营问题。大多数情况下，他们会选择行政委托代理关系而损害经营和消费者利益。

7. 避免政治腐败

行政垄断属性以及垄断企业的寻租行为，容易滋生政治腐败。行政垄断的存在就意味着掌握行政权力即控制了市场资源。而资源的行政性配置又具有极强的随意性，因而极易产生权力滥用、权钱交易、以权谋私等现象，成为政治腐败的“温床”。表现为滥用公共机构的名义和滥用公共机构的手段，获取巨额的垄断租金，包括高额的垄断价格、掠夺性定价、价格串谋或价格协议、变相收费（比如电话初装费、机场建设费、铁路基金、电力基金等）。如果不加以规制和改变，不仅会损害政府形象，降低政府形象，还会破坏社会风气。

特别是对于中国公用事业而言，由于计划经济的残余影响，双重垄断现象还将持续一段时间，对中国公用事业双重垄断规制进行研究显得尤为必要。

第二节 中国公用事业双重垄断规制现状分析

一、中国公用事业双重垄断规制现状分析

1. 电信行业双重垄断规制现状

从进入规制上来看，从2000年开始，国家对电信业务经营按照电信业务分类，实行许可制度。经营电信业务，必须依照《中华人民共和国电信条例》的规定取得国务院信息产业主管部门或者省、自治区、直辖市电信管理机构颁发的电信业务经营许可证。未取得电信业务经营许可证，任何组织或者个人不得从事电信业务经营活动，同时将电信业务分为基础电信业务和增值电信业务。

从价格规制上来看，中国电信产业实施以价格上限规制为基础的激励规制政策，同时也实施价格下限和严格的市场准入规制。资费规制还基本属于回报率规制方法，政府通过成本加成直接确定资费水平和资费结构，并允许企业实行内部的交叉补贴，从而导致资费结构性矛盾非常突出。2005年，信息产业部出台《关于调整部分电信业务资费管理方式的通知》，将部分电信业务的定价权力交给了运营商，将移动漫游费和本地网区间通话费改为价格上限规制。

从电信码号资源规制上来看，码号资源属国家所有，国家对码号资源实行有偿使用。码号资源的管理主要是依照2000年信息产业部颁发的《电信网码号资源管理暂行办法》施行。电信主管部门根据码号资源规划，按照申请用途和申请者的预期服务能力分配码号资源。当同一码号申请者超过两个以上时可以采用拍卖方式。

从频率资源规制上来看，电台呼号由国家无线电管理机构编制和分配，并由

国家无线电管理机构、地方无线电管理机构或者国家无线电管理机构委托的国务院有关部门指配。电台执照由国家统一印制，由国家无线电管理机构、地方无线电管理机构或者国家无线电管理机构委托的国务院有关部门核发。未经指配的频率，原指配单位可以在与使用单位协商后调整或者收回。频率使用期满后，如果要继续使用必须办理续用手续。

整体上来看，电信在行业监管与企业经营层次上试图实现政企分开。从表面上来看，信息产业部已与各大电信企业分离，已是不同的利益主体。而实际上来看，信息产业部仍需对各大电信企业的业绩负责，所以在规制上优先考虑的还是经营企业的利益。

2. 电力行业双重垄断规制现状

从进入规制上来看，《电力市场监管办法》规定，电力市场实行准入注册制度。经准入注册的电力市场主体方可以参与市场交易。市场准入的条件包括：持有《电力业务许可证》，并在工商行政管理部门登记、注册；承诺遵守电力市场运营的法律法规；自动化系统、数据通信系统等技术条件满足电力市场的要求；电力监管机构规定的其他条件。在部分电力项目中引入竞争招标制来替代传统的行政审批制。比如，2005 年国家发改委办公厅决定以竞争方式确定内蒙古呼伦贝尔特大型电力项目（300 ~ 360 千瓦）。

从价格规制上来看，目前，电价规制基本上由国家级规制机构控制。但是，2004 年电价规制从过去的被动反映式监管转向理性监管，电价监管原则转为以价格结构反映边际成本，通过边际成本调节供求关系。新投产机组统一电价对发电市场引入了接近市场化的定价机制，对发电投资商提供了有效的市场信号、参照系作用和标杆作用。另外，建立煤电联动机制，为电力市场的上游环节与下游环节定价机制对称化打下基础。

从规制体系建设上来看，2002 年，国务院发布《电力体制改革方案》，对国家电力产业实现了横、纵双向分拆的模式，实行厂网分开，重组发电和电网企业。组建国家电力监督管理委员会，根据国务院授权行使全国电力监管工作，并依据国家法律制定有关实施细则。对电网资产进行重组划分，成立国家电网公司（包括东北、华北、西北、华中、华东）和南方电网公司（包括广东、广西、云南、贵州、海南）。另外，还对发电资产进行重组划分。以2000年的财务决算为依据，将原国家电力公司系统的发电资产重组划分为五家全国性的发电集团公司，包括中国华能集团、中国大唐集团、中国华电集团、中国国电集团、中国电力投资集团。

从规制法规建设上来看，国务院2003年发布的《电价改革方案》规定，容量电价由政府制定，电量电价由市场竞争形成。2005年国务院发布《电力监管条例》，同年3月国家电监会印发《电力监管条例》配套规章制定工作讨论的通知，全面启动电力监管条例配套法规制定工作。

3. 铁路行业双重垄断规制现状

从进入规制上来看，《铁路法》按照经营管理主体不同，将我国铁路划分为：国家铁路、地方铁路、专用铁路、铁路专用线四类。其中，国家铁路由国务院铁路主管部门管理；地方铁路由地方人民政府管理；专用铁路由企业或者其他单位管理，专为本企业或者本单位内部提供运输服务；铁路专用线指由企业或者其他单位管理的与国家铁路或者其他铁路线路接轨的岔线。专用铁路兼办公共旅客、货物运输营业的，须报经省级人民政府批准，适用铁路运输企业的规定。这实际上将铁路运输市场中的经营主体严格限制在由政府直接投资、管理的国家铁路、地方铁路，以及少数经省级政府批准的专用铁路三类。其他国内外经济组织不能成为铁路运输市场的经营主体。

从价格规制上来看，国家铁路的旅客票价率和货物、包裹、行李的运价由国务院铁路主管部门拟定，报国务院批准。货物运输杂费的收费项目和收费标准由国务院铁路主管部门规定。地方铁路的旅客票价率、货物运价率和旅客、货物运输杂费的收费项目和收费标准，由地方政府物价主管部门会同国务院铁路主管部门授权的机构规定。专用铁路和铁路专用线的运价和收费标准由地方政府物价主管部门规定。目前由中央统一管理运价占铁路运价的主要部分，运价由国家周期

性地进行一次性调价，不仅周期长，而且一确定下来就很难变动。

从投资和建设规制上来看，在20世纪80年代中期以前，铁路投资基本上是国家投资。1991年，国务院批准设立了铁路建设基金，按铁路货运吨公里征收。基金纳入国家财政预算内管理，专门用于铁路基本建设。除此之外，国家还允许部分地区征收地方铁路建设附加费。全国铁路的建设发展规划、技术管理规程由铁道部统一负责。《铁路法》规定，铁路发展规划应当依据国民经济和社会发展以及国防建设的需要制定，并与其他方式的交通运输发展规划相协调；地方铁路、专用铁路、铁路专用线的建设计划必须符合全国铁路发展规划，并征得铁道部或其授权机构的同意。

总体来说，在中国铁路产业长期的发展过程中，实行的是政企合一式规制模式，铁路产业组织结构臃肿，政府实行了严格的价格规制和进入规制，并没有真正意义上的铁路运输企业。

4. 邮政行业双重垄断规制现状

从进入规制上来看，根据《邮政法》规定，未经邮政企业委托，任何单位或者个人不得经营信函、明信片或者其他具有信件性质的物品的寄递业务，但国务院另有规定的除外。非邮政企业或者其他经营组织申请代办信件和具有信件性质物品特快专递经营业务的，要与邮政企业协商一致后，按照规定向邮政管理局申请办理经营资格证件。经市邮政管理局批准取得经营资格证件后，非邮政企业或者其他经营组织才能按照规定与邮政企业依法签订委托合同。

从价格规制上来看，根据《邮政法》规定，平信、明信片等邮政基本业务资费由国务院价格主管部门制定，报国务院批准。属于全国性的非专营业务资费、特种资费、其他附加费和手续费由国务院邮政主管部门统一制定；属于地方性的非基本资费，由各省自治区、直辖市邮政主管部门制定，报省、自治区、直辖市人民政府批准。关于特快专递业务，国家邮政局规定：不准做重量在500克以下和资费低于邮政特快专递资费标准的业务。

从规制体制上来看，目前，涉及邮政政府管制的部门主要有两个：国家邮政局，它是国务院主管邮政工作的职能部门，负责行使邮政行业监管的政府职能（国家邮政局还在各省、自治区、直辖市设立了邮政管理局，负责各地方邮政管理工作）；国家计委，它是国务院价格主管部门，负责邮政业务基本资费的管理工作。根据《邮政法》和国务院批准的各部门职能规定，目前国家对邮政的管制内容主要包括：制定并监督实施邮政行业的发展规划、对邮政市场进行宏观调控、对邮政资费的管理、研究制定邮政行业法律法规，维护邮政市场秩序。

5. 中国公用事业双重垄断规制现状分析总结

总体来看，在中国公用事业的双重垄断规制中，对行政垄断规制的力度要大于自然垄断的规制力度。这是由早期计划经济对中国公用事业影响的残余造成的，行政垄断带来的影响要大于自然垄断，这在邮政行业管理上体现得最为明显。大部分还是政企不分，自己规制自己，结果可想而知。本书认为，对于中国公用事业来说，在进行规制改革时，不能只盯着行政垄断来看，要双管齐下、对症下药，在规制行政垄断的同时也要兼顾自然垄断。避免造成两者规制措施的冲突，进而损害公共利益。

余晖总结了一部分公用事业部门的双重垄断规制方法和管理机关，本书对其进行了补充，如表 5 – 1 所示。

表 5 – 1　代表性公用事业部门的双重垄断规制状况

产业	进入规制	价格规制	规制法（法律、法规、规章）	主要管理部门
电信	电信业务经营许可证	价格上限、下限规制	《电信条例》（2000）、部分《电信业务资费管理方式通知》（2005）	国务院、信息产业部、国家发改委
电力	供电营业许可证、营业执照	核准	《电力法》（1995）	电力部、地方经济综合主管部门（现主要为电监会、国家物价部门）

续表

产业		进入规制	价格规制	规制法（法律、法规、规章）	主要管理部门
铁路	国家铁路	国家垄断	法定价格	《铁路法》（1990）	铁道部、国家物价总局
	地方铁路	审批	地方政府定价	《铁路法》（1990）	地方铁路部门、物价部门
邮政		国家垄断	法定价格	《邮政法》（1986）及实施细则	邮政总局

二、中国公用事业双重垄断规制存在的问题

目前中国公用事业双重垄断的规制策略仍存在如下一些问题：

1. 政企不分

双重垄断不是政企不分的理由，在任何时候政企不分都是不合理的。政府可以对双重垄断行业企业进行规制，该限制的就限制，该保护的就保护，但是政府绝不能直接去参与经营。否则规制策略就变成纯粹的保护策略了。虽然近些年电信、电力和民航等产业进行了一定程度的政企分开改革，但离真正意义上的政企分开还有一段距离，电力、民航等产业在地方层面政企仍然没有分开，而铁路、港口和邮政等产业政企分开的改革还仅仅处于论证阶段。

2. 定价不合理

根据经济学理论可以知道，具有双重垄断属性的中国公用事业应该依据成本定价，包括平均成本和边际成本。但是中国公用事业的一大特色就是：成本可以任意调整，例如，将员工工资提高到超出社会平均工资以上，造成企业成本也水涨船高。以损害消费者利益为基础提高员工利益，而行政垄断又为此提供了“保护伞”。于是，邮政、电力、电信等公用事业行业的高工资成了众所周知的事实。

虽然政府一直提倡限制价格，但限制价格的依据模糊不清。除此以外，企业还凭借垄断地位，收取种类繁多却又名目不清的附加费，例如煤气公司收取的气源费，电信公司收取的初装费和月租费等。这些费用为这些公司带来了巨大的额外收益，成为其超额利润的一部分。更为不合理的是，作为非营利性机构的公用事业部门，并没有将由国家定价以外企业收费获得的超额利润上报国家，而是用于支付员工工资或其他用途。上述三种原因造成了严重的社会分配不公现象，危害了社会福利，造成了社会负面效应。

3. 价格规制的同时缺少成本激励制度

中国双重垄断性公用事业产品或服务的价格掌握在政府手里，通常采用的原则是保证企业能获得正常利润。从自然垄断属性来说，这是正常的事情。但是这种定价原则最大的缺陷就是与成本无关，即不管成本多少，利润都是一样的。如果缺乏有效的激励措施，公用事业部门也就缺乏足够的激励去降低成本。而且政府定价以企业上报的成本为依据，由于政府通常难以掌握企业成本的完全信息，因而往往企业上报多少，政府就批多少。结果导致一方面企业缺乏创新的动力，另一方面一些行业却能凭借垄断权获取高额垄断利润。

4. 经济效率低下，服务质量差

由于刚从计划经济转过来不久，双重垄断属性为中国公用事业提供了先天的垄断优势和后天的行政保护。因此容易导致价格扭曲，并缺乏有效的竞争，这使得中国双重垄断公用事业经济效率仍然低下。在中国，双重垄断性公用事业部门整体服务质量差，收费透明度低，已成为社会的普遍诟病。而行政垄断的保护增加了潜在竞争者进入的难度，解除了这些部门的后顾之忧。

5. 缺少有效的反垄断法

中国现行法律对行政垄断的规制明显存在不足。首先，除了《反不正当竞争法》《价格法》《招标投标法》对行政垄断作出一些规定外，其他大部分的规制文件是由国务院及其部委颁布的一些行政性法规、规章和政策性文件，缺乏权威性和力度。其次，对实施行政垄断主体的法律责任规定得过轻，且缺少监督。中国现行的与反垄断相关的法律中，禁止性规范多于制裁性规范。政府及其所属部门滥用行政权力的法律后果只是上级机关责令其改正。情节严重的才由同级或上级机关对直接责任人员给予行政处分。无须向受害者进行民事赔偿，受害者也无权提起民事诉讼。实际上，如果上级机关对下级机关的行为不采取积极的制裁措施，行政垄断就根本得不到处罚，更不用提保护受害者权益了。另外，中国现行反行政垄断的主管机关与其他反不正当竞争行为的主管机关一样，都是工商行政管理机关。而反行政垄断主要是规制政府滥用行政权力限制竞争的行为，仅靠工商机关查处行政垄断案件，其独立性和权威性显然存在问题。

第三节　中国公用事业双重垄断规制模型

一、公用事业垄断规制基本方法

1. 公共事业规制的含义和分类

规制是政府机构针对市场失灵的诸方面，以社会福利最大化为目标，制定并实施的干预微观经济主体行为的一般规则或特殊行为。从定义中可以看出规制的主体是政府行政机构，即由立法机关设立、以贯彻特定政策目标的政府单位；规制的客体是微观经济主体（一般是企业）；规制是规制者对被规制者经济行为的干预。关于公用事业的规制一般分为三类：

（1）经济规制。经济规制是对特定产业的价格、市场进入、投资和服务标准等方面的控制。它是政府对某个特定产业的纵向制约。比如对电信、电力、天然气、供水等行业的规制，其目的是解决该产业所特有的生产效率与资源配置效率的根本性冲突。

（2）社会规制。社会规制是指以纠正在众多产业中同时存在的某类特定市场失灵问题为目的的规制。它并不针对某一特定的产业，而是针对所有可能产生外部不经济或信息不完全的企业行为。

（3）反托拉斯规制。反托拉斯规制的主要目的是防止垄断势力或不正当竞争行为损害市场效率，促进有序竞争，包括价格规制、投资规制、市场准入规制、企业退出规制等。很多公用事业都具有自然垄断或行政垄断特性，因此本书将对公用事业垄断行为的规制进行研究。

2. 芝加哥学派的代表性观点和不足

过去的30年，在公用事业规制领域（具体说应该是公用事业）研究中影响较大的组织是由美国经济学家和法学家组成的学派——芝加哥学派。该学派在对厂商进行价格和收益的直接控制、风险和收益的关系，规制条件下厂商的行为，定价方针的演变，规制本身的适当性和效果等方面做出了深入的研究和分析。在西方各国，芝加哥学派的观点和政策建议被普遍采纳。芝加哥学派的代表性观点包括：

（1）公用事业公有论。以Henry C. Simons为代表。早在1934年，他就对规制制度提出了挑战："民主的巨大敌人就是各种形式的垄断：巨型公司、贸易联合会、价格控制机构以及贸易联盟，或者具有各种职能的组织和集中力量、有效组织起来的功能性群体，它们拥有巨大的权力，可以充分利用社团的力量，甚至破坏整个体系……对私有垄断实施规制就像是不规范的安排，至多是一种权宜之计，不认真、残缺和缺乏原则的规制是相关产业的不幸……就总体而言，国家将面临实质性的接管、拥有、直接管理的必要，无论是铁路还是其他公用事业，以及一切不能保持有效竞争的产业。"在当时，Simons看到在整个美国联邦委员会规制制度急剧扩张，他认为将这些权利赋予这样一些行政机构是非常危险的，因此通过规制对公用事业如铁路产业的垄断实施规制或社会控制是不能接受的，可

行的办法是实行公共所有权。

（2）私人垄断优越论。1959 年，Ronald H. Coase 发表了对联邦通信委员会进行批评的长篇论文；1962 年，George J. Stigler 发表文章认为委员会对电力产业的收费没有起到影响作用。此后，许多对运输、广播、天然气生产、银行业的规制效果进行批评的文章层出不穷。Milton Friedman 在《资本主义与自由》一文中提出了与前述 Simons 自然垄断产业完全相悖的观点，Friedman 认为，“当技术条件使得垄断成为竞争性市场力量的自然产物时，就只有面临三种选择：私人垄断、公共垄断或是公共规制……如果能够容忍，我不愿得出这样的结论：私人垄断是危害最小的。”Friedman 改变了芝加哥学派对公用事业问题的解决方案，认为采取私人垄断方式将优于政府规制或是公共所有，这个转变对芝加哥学派的追随者产生了巨大的影响。Sam Peltzman 也批判了 Simons 的观点，他认为公有公用事业将致力于建立一种可以最大化投票支持和保持其管理权的价格体系，从而对一些特殊的顾客提供服务而不顾成本，对顾客的分类也更为宽泛，丧失采用价格歧视所可以获得的利润，公有事业的收费比私人拥有的公用事业低。但此后的许多文献又开始证明私人所有权是优越的，公有公用事业的价格政策的出发点是最大地获取选票的支持而非效率，私人垄断的问题可以无须规制而受到竞争性利润水平的制约而解决。

（3）实施公用事业超额利润税。Richard A. Posner 详细地论述了无论是在资源配置、收入分配，还是在革新的影响方面，未规制的私人所有自然垄断的危害都被极大地夸大了。他认为私人垄断厂商会迎合消费者的愿望，相对于规制和公共所有而言，这将是一个更好的选择，因此应取消在产业进入和收费方面的限制，用超额利润税来替代它们。Posner 认为当对一些价格低于边际成本的竞争者进行补贴就形成了一种形式的税收；如果收费中包含了不应由某些消费者分摊的固定成本，这样的收费体系是缺乏效率的；应该依靠普通法而非规制措施，对收费体系不满的消费者可以诉诸于普通法需求救济。

（4）实行公用事业经营许可竞标制。Harold Demsetz 也提出了对私人垄断价格——收益采取非直接规制的理论：他提出对存在自然垄断的产业可以通过竞价的方式来形成竞争性收益水平。最高价格的竞标者将获得特许经营或许可，使用竞标方式将可以在非完美市场结构中获得竞争性收益，而不须使用随意性较大的政府干预或规制方式。

（5）规制体制否定论。芝加哥学派认为政府以及规制委员会体系的规制没有足够的能力促进资源的有效配置，因此应采用摒弃直接规制的方式来解决这个问题。虽然芝加哥学派的观点对规制持批评态度，但是却一直没有形成正式的理论体系。直到 1971 年，Stigler 提出了规制经济学，他认为每一个产业都应认识到政府规制既是一种潜在的资源，也是一种潜在的威胁；在促进公共利益的过程中，很明显规制不能保持独立的地位。部分研究者认为解除规制对于某些特定产业是合适的，因为它能增强市场竞争性。

普遍认为，芝加哥学派的论点存在以下不足：第一，该学派认为市场本身具有自我调节的能力，即自愈能力；第二，该学派反对政府干预经济，认为在没有政府干预的条件下，市场上的自由竞争能够产生最好的经济效益；第三，该学派的竞争理论只是从少数大企业的利益出发，因此他们所谈的效率只是大企业的效率；第四，如前文所述，芝加哥学派研究的主要对象为公用事业。

3. 对合理性的垄断行业进行规制

本书认为，对合理性的垄断行业进行政府规制是必需的。这句话包括两层含义：

（1）是否需要政府规制的前提是该垄断行业是否存在垄断合理性。如果垄断不合理，就不能允许该垄断存在，因此也就不需要规制。否则，对没有合理垄断理由的行业进行规制的结果是：规制制度成为该行业的保护伞，也成为了该不合理垄断存在的理由，导致行业发展的低效率并影响公共福利。目前在中国广泛存在的行政垄断，就是政府规制了不该规制的行业，特别是对市场准入的规制，不仅没有起到规制的作用，相反还导致或加剧了垄断。解决我国大多数行政垄断的方法并不是规制，而是经营自由化。放开经营，取消对市场准入的管制，行政垄断自然也就土崩瓦解了。

（2）在上述前提下，进行适当的政府规制是必需的。如果放松规制，私人垄断对资源配置、效率、革新和收入分配的影响被忽视了。私人垄断者为保持其支配性地位，可以通过价格歧视、交叉补贴、进入限制、政治偏好等多种策略来实现。而且这样的行为所导致的消费者和垄断者之间的收入再分配在社会和政治上都是难以接受的。以电力产业为例，放松规制为垄断厂商控制输电网打开了方便之门，通过对这些传输设备的控股公司采用直接购并、合资等方式控制这些设施，可以阻止潜在竞争者进入新的或是已经建立的市场，还可以控制消费者转向低电力成本的厂商。2007 年 7 月，中国大唐、华能、华电、中电投、国电五大发电集团联合向发改委申请上调电价。如果缺乏规制，任由它们上调，势必会引起民众的强烈反对和谴责。可见，对垄断行业进行政府规制对于稳定社会也具有重要作用。

因此，本书将针对中国公用事业双重垄断现象构建规制模型。

二、中国公用事业双重垄断规制模型构建

制定规制措施首先要对症下药。目前中国公用事业规制中的不合理现象归根结底是因为没有认识清楚其中的双重垄断性，把行政垄断和自然垄断混淆起来。如果按照行政垄断管制的方法来处理双重垄断，则忽视了其中的自然垄断属性，或加强垄断造成经营者束手束脚、角色错乱，或盲目引入竞争造成资源浪费、经营成本增加。如果按照自然垄断规制的方法来处理双重垄断，则忽视了其中的行政垄断属性，把不合理的行政垄断按照自然垄断（自然垄断具有合理性）来进行处理的结果是助长了行政垄断的不合理性。因此，双重垄断性公用事业的规制应该从自然垄断和行政垄断两个方面来共同进行。

双重垄断规制的目标是在保证社会发展效率和社会公平的基础上增进社会福利。根据双重垄断模型，本书构建了双重垄断性中国公用事业的规制模型，如图 5－1 所示。中国公用事业的双重垄断规制策略如下：

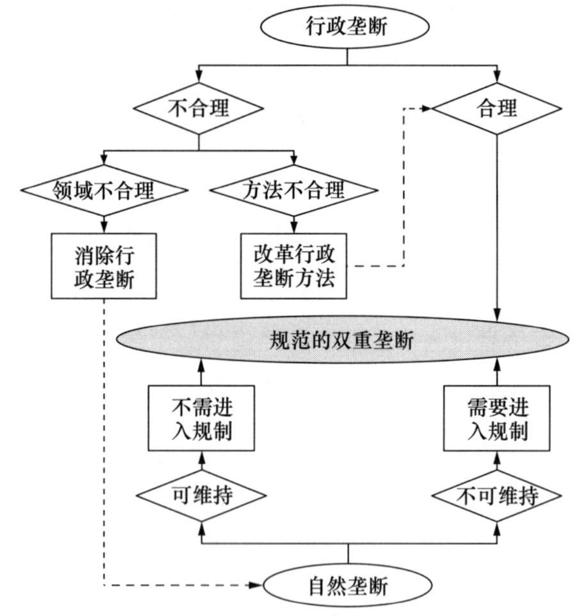

图5-1 双重垄断行业规制模型

（1）在行政垄断合理的情况下，主要是对自然垄断属性进行规制。

（2）在行政垄断不合理的情况下，首先要改变行政垄断的不合理性。这又分为两种情况：

其一，行政垄断领域不合理。这说明该领域的双重垄断属性本身就是不合理的，行政垄断根本不应该存在。因此，此种情况下双重垄断的规制目标是剔除行政垄断，将双重垄断转变为纯自然垄断，对自然垄断属性进行规制。

其二，行政垄断方法不合理。其前提是行政垄断领域合理，否则根本没有讨论行政方法的必要。此种情况下双重垄断的规制目标是改革现有行政垄断方法，使之转变成合理的行政垄断，同时对自然垄断属性进行规制。

（3）自然垄断也分为可维持性自然垄断和不可维持性自然垄断。因此，对自然垄断属性的规制策略要根据可维持性进行制定。

第四节　中国公用事业双重垄断规制方法

一、合理性行政垄断前提下双重垄断规制方法

由于行政垄断是合理的，因此，此种情况下的双重垄断方法类似于纯自然垄断规制方法。两者最大的区别在于，避免双重垄断规制方法与行政垄断相关政策的冲突或重叠。冲突的结果可能会导致合理的行政垄断在执行过程中变为不合理。根据自然垄断的可维持性，可以把合理性行政垄断前提下的双重垄断规制方法分为两大类：

1. 自然垄断可维持

（1）价格规制。价格规制一是为了提高公用事业部门的经营积极性，使其能够盈利、生存；二是要实现资源的有效配置，防止公用事业部门利用垄断地位损害消费者的利益。价格规制包括价格水平规制和价格结构规制。

首先，价格水平规制。价格水平规制涉及总收入与成本的关系，即对公用事业部门的具体投入，要找到一个合理的投入回报率的问题。若公用事业部门只提供一种产品（或服务），则投资回报率价格规制模型为：

$$R(pq) = C + S(RB) \quad (5-1)$$

式(5－1)中，R 为公用事业部门的收入函数，它决定于产品价格 p 和数量 q；C 为成本费用；S 为政府规定的投资回报率；RB 为投资回报率基数。

如果企业经营多种产品，则价格规制模型为：

$$R\left(\sum_{i=1}^{n} p_i q_i\right) = C + S(RB) \quad (5-2)$$

上述两种价格规制模型的共同特点是政府完全了解公用事业部门的成本信息。而在实际中，政府和公用事业部门的信息是不对称的。因此，部分经济学家提出了价格上限规制方法。比如 Littlechild 提出的英国 $RPI-X$ 模型，该模型的计算公式如下：

$$P_{t+1}=P_t(1+RPI-X) \tag{5-3}$$

式（5-3）中，P_t 为企业本期的价格，P_{t+1} 为企业下期的价格，RPI 表示零售价格指数或通货膨胀率，X 表示一定时期内生产效率增长的百分比。$RPI-X$ 模型的意义在于：规制机构与被规制企业之间存在着信息不对称时，通过赋予垄断企业更多利润索取权的方式，以换得提高生产效率的激励；同时赋予被规制企业在不超过价格上限的情况下，以利润最大化为目的自由调整价格的定价权，符合市场竞争性原则，从而有利于在市场机制的作用下实现社会资源的优化配置。

其次，价格结构规制。价格结构问题主要是针对同一产品或服务对不同的消费阶层和不同需求弹性制定不同的单价。对于公用事业部门来说，其价格结构规制主要考虑两个问题：如何针对不同需求量的消费者进行定价，如何对企业内部交叉补贴行为进行规制。

针对同一产品或服务来说，如果不同消费量的用户都是按照统一价格进行收费，则会引起大客户的不满。因为公用事业产品或服务具有成本弱增性，消费量虽然增加但成本几乎不变。因此，可以采用两部定价法，如下：

$$M=T+P_m\times Q \tag{5-4}$$

式（5-4）中，M 是总价格；T 是定额价格，是与消费量无关的基本费；P_m 是超过定额价格后的单价；Q 是超过定额量后的消费量。这种定价既可以按照边际成本定价收取变动费用，又可通过基本费补偿固定费用，从而使企业达到收支平衡。从社会分配效率的角度看，两部定价虽然次于按边际成本定价，但优于按平均成本定价。

对于经营多种产品或服务的公用事业部门还可能存在内部交叉补贴行为，即用垄断业务的高利润来弥补竞争性业务的微利或亏损。这不仅是一种不正当竞争行为，而且还会抬高公共服务产品的价格，扭曲社会分配效率。政府可采取对垄

断性业务和竞争性业务等不同业务间财务上相分离的政策，也可采取“经营权”上的分离。同时，要缩小不同地区消费者之间价格的统一性，这样可避免公用事业部门对不同地理位置的业务实行内部业务交叉补贴行为。

（2）产品或服务质量规制。在英国的公共服务改革中，服务标准承诺就是对质量的一种有效规制。比如，在铁路公司客运服务标准承诺中，规定了全国统一的服务标准，对服务质量进行了量化的规定，如都市间高速铁路系统到站时间与规定时间误差不超过10分钟。在根据公用事业部门的产品或服务特点尽可能制定质量标准的同时，还可以结合信息管制加强监督，提高产品或服务的透明度，如铁路公司提供服务的情况将被分别进行监测和报告，顾客有权知道各局的具体服务标准和实际服务水平。这就对消费者行使监督权以对选择更好的服务加以判断提供了方便，有助于减轻有效竞争产生的压力，并对各主体进行激励。

（3）投资规制。投资规制的主要目的有两个：防止投资过多（或过少）而造成价格波动；采取适当的投资规制时滞以激励企业提高生产效率。投资规制的内容包括被规制企业的设备更新、投资扩张、多角化行业投资以及与被规制企业相关的合并规制等。政府可以根据A－J效应来规制投资，对于A－J效应产生的负面影响，政府可以采用投资回报率和资源利用率两个指标进行约束；对于技术革新较快的事业部门，政府应该利用A－J效应，刺激该部门加大设备的更新改造，给消费者提供多样化的消费品。由于公用事业部门产品或服务的需求弹性较小，因此，政府应当限制商品的价格，以提高消费者的福利，同时降低公用事业部门的投资。

政府投资规制政策需要根据需求和技术变化情况周期性地调整。但是由于“规制滞后效应”，规制者的调整周期不能太短、太频繁。政府一旦制定价格，就要在一定时期内保持不变，从而促使公用事业部门降低成本，以增加利润。公用事业部门降低了成本，在投资回报率约束下就可以获得更高的收益，刺激公用事业部门的经营积极性。

2. 自然垄断不可维持

与可维持性自然垄断相比，不可维持性自然垄断还需要进行进入规制。进入规制的方法主要有批准、认可、注册、申报、行政命令等。

植草益认为，批准和认可是许可、认可、特许、执照等现行法律用语的总称。许可包括颁发许可证、政府特别的许可证等。在美国，发放许可证的方法是由负责分配商品的规制机构举行听证会，并筛选申请者。申请者可以在听证会上陈述资格证明。规制机构根据事先提出的标准，删除那些不合格的申请者，最后在相互竞争的申请者之间作出选择。认可是指对企业的合同和达成协议的法律行为加以补充，是指具有法律效果的行为。特许是指把国民一般没有的特别权利、权利能力、行为能力等用法律加以确定。

除了许可之外，还可以采用注册和申报的方式。注册的基本程序是：由主管机构确认拟进入部门是否符合进入资格的必要条件，然后承认其在特定产业中经营。申报的基本程序是：拟进入相关产业的企业，按照一定程序和格式向主管机关提出进入申报，如果政府接受申报，即可加入，否则便不得进入该产业。

行政命令和行政指导也是常用的规制方法。行政命令通常要求企业作出承担某种责任的义务或不作某种行为的义务，提供供给服务并要服从规制命令等。行政指导不是以命令的形式来要求企业承担作为和不作为的义务，而是通过非权力的手段使企业的行动服从一定政策目标的行为。常用的行政指导措施包括提议、劝告、指导、指示、警告、说服等。行政指导具有一定的灵活性，但是由于没有法律根据，容易滥用。

一般而言，既然有市场进入规制那么也就要有市场退出规制，即对已进入双重垄断产业的企业在退出方面作出某些限制。因为，如果被允许进入或已进入的企业从该领域退出，供给就可能得不到保证，而公用事业部门的产品或服务大多为生产和生活所必需，且难以为其他产品所替代。因此，政府规制机构对市场退出也要进行规制。

二、非合理性行政垄断前提下双重垄断规制方法

1. 行政垄断领域不合理

即该领域的双重垄断也是不合理的，因此这时应该剔除行政垄断，将双重垄断转变为纯自然垄断。此种情况发生在可维持自然垄断的前提下（对于不可维持自然垄断必须限制市场准入）。在剔除行政垄断的基础上，还要对行业的自然垄断属性进行合理规制，规制方法基本同前。

（1）转变政府职能，实现政企分离。这是剔除不合理行政垄断的重要方式。对政府和企业的角色进行准确定位，避免政府角色的“错位”和“越位”。行政垄断的背后是政府权力，如果权力不从市场竞争领域退出，那么行政垄断依旧会存在。政府对垄断的监管要集中解决信息不对称及市场失效的问题，各级政府要真正退出市场经济的微观领域，变“全能政府”为“有限政府”。政府对垄断行业，要从经营者的身份转变为监管者的身份，要大力推进政企分开，真正成为公共利益的代表，而不是极少数垄断集团利益的代表。要在产权、人事权等方面明晰化，斩断二者在政治、经济等方面的联系。同时，还要规范垄断利益集团的行为，杜绝寻租行为，割断垄断企业和政府之间的非市场联系，使行政垄断利益集团由政治人和经济人的双重身份变成单一的经济人身份。

（2）禁止行政权力经济化。在西方学者那里，是严格地区分了行政权与企业等的经济权的。詹姆斯·W. 费斯勒尔在《行政管理理论与实践》一书中指出：政府的事务管理是公共行政，典型的政府机构提供的是非市场销售的服务。依据我国宪法和法律的规定，行政权涉及的领域有：组织、人事、公安、司法、民政、经济、科技、教育、军事、外事等，足见其公益性和事务性。而对于双重垄断性公用事业部门出现行政垄断的原因之一就在于将行政权经济化，使得行政权带有了浓厚的经济色彩。行政主体在权力行使过程中往往认识不到行政权的固有属性，而是通过行政权获取经济利益，把行政权混同于经济权。因此，政府必须确立行政权的非经济化规则，确立行政权是一项非营利性的权力，强调行政权的从属性、服务性，并将其写入反垄断法。

(3) 制定反行政垄断法。把反行政垄断纳入到法制轨道。规范行政垄断首先要规范行政权，要对政府滥用权力的行为作出明确的禁止性规定，确立行政权在市场活动中的良性运行规则。反垄断法应该以原则性条款的方式，将公平竞争列为一切经济活动的准绳，反对一切有损公平竞争的状况与举动，使打击行政垄断有法可依。在反垄断法中，还要具体规定作为打击对象的行政垄断的构成要件，并详尽准确地列举其具体的表现形式。要明确规定实施垄断的行政机关、单位和个人的法律责任，包括民事责任、行政责任和刑事责任，实现权力机关的权责统一。

(4) 建立高度权威性和独立性的反垄断机构。从国际经验来看，反垄断的执法职责应由一个独立的专门机构来执行，比如，美国有联邦贸易委员会、日本有公正交易委员会。中国现有的反垄断机关是国家和地方各级工商行政管理机关，它作为一个普通的执法机构承担反垄断尤其是反行政垄断实在是勉为其难，不少地方工商行政管理机关在反行政垄断执法中出现地方保护主义。反垄断执法机构的设立必须从实际需要出发，科学论证，合理确定，不能简单地将反垄断机构的职能授予某一个或几个机构行使。反垄断机构要运转高效、人员精干，避免层层设立，人员冗杂。而且，反垄断机构处理案件的对象往往是实力雄厚的庞大企业甚至是政府部门，这就需要反垄断机构具有高度的权威性、独立性，能独立强制执行，履行反垄断职责。

(5) 建立多元性规制体制。因为行政垄断的规制者就是垄断者，仅仅以行政规制为主、司法规制为辅的体制难以从根本上消除不该存在的行政垄断。除了建立高度权威性和独立性的反垄断机构之外，还应该把法院和实施宪法的机构纳入进来。法院可以依据行政诉讼法的规定，受理针对各级人民政府及其所属机构的具体垄断行为的案件，可以做出撤销、无效判决或赔偿损失等判决，并可以提出行政处分建议，建议追究违反者的行政责任或刑事责任。又由于许多行政垄断行为是以政府文件、规定、规章和行政法规的形式进行的，具有明显的违宪性，

所以，针对具有立法权的行政机构包括国务院及其所属部委利用行政法规、规章、决定等方式实施垄断的，应当考虑设立宪法实施机构，通过宪法渠道进行规制。宪法实施机构可以宣布这些抽象行为违宪并无效，或者向权力机关提出撤销或宣布无效的建议，甚至提出机构改革的建议等。

2. 行政垄断方法不合理

这说明在该领域内应该进行行政垄断，但是现行的行政垄断方法是不合理的。此时应该对行政垄断方法进行改革，使非合理性行政垄断前提下的双重垄断变成合理性行政垄断前提下的双重垄断，并在此基础上对自然垄断属性进行规制。一般方法如下：

（1）细分垄断行业的业务环节，有针对地制定行政垄断方法。不同的业务可能需要不同的垄断形式和经营方式，比如中国电信行业，可以拆分为市话、长途电话、移动电话、数据传播、无线寻呼、增值服务等业务。如果不管业务之间的不同而采用统一的行政管理办法，势必造成行政垄断方法的不合理。

（2）调整企业布局，分散国有股权。对垄断行业现有的企业布局进行调整，对占据市场份额过大的国有企业进行拆分，实现国有股权的分散化。有时还可以适当地引入竞争机制，把寡头垄断变为多头垄断，利用垄断企业之间的竞争来提高行业的服务水平和积极性。

（3）建立行政垄断方法对应的责任制。实践证明，行政垄断泛滥的一个重要原因是因为该行为长期逃避法律制裁，致使其只有收益而无成本。因此，应在进行行政垄断方法改革的同时，建立与之对应的责任体系。行政垄断不能侵犯相对人的合法权益，如果造成损害，就应该予以赔偿。由于实施行政垄断的主体是国家行政机关，因而行政垄断损害赔偿应属行政赔偿之列，由《国家赔偿法》调整，将行政赔偿与民事赔偿相结合。行政垄断使某些经营者受益，因此应要求利用行政权力受益的经营者对受害者予以民事赔偿，赔偿额应限制在受害方的直接损失或受益者所获取利润的范围内。要改变现有的只追究行政责任的现象，对于造成特别严重后果的行政垄断行为，对有故意或有重大过失，构成犯罪的责任人员，还应当追究其刑事责任。

（4）废除或调整行政审批制度。废除和调整那些不合理的行政审批制度，大力削减政府的审批权限。行政审批制度是行政机关依法对社会和经济事务实行事前监督管理的重要手段，其主要问题是：行政许可过多、过滥，甚至县、乡政府都设有行政许可；行政许可环节过多、时限过长；行政许可行为很多失范，不符合世贸组织规则。建立科学合理的审批管理机制，首先要建立和完善行政审批责任追究制度，加强对审批机关不履行、不正确履行监管职责或者违规审批等行为的责任追究，切实解决行政审批存在的问题。

3. 对市场参与者重新平衡

对于非合理行政垄断给行业带来的伤害，除了要对受害者进行补偿以外，还必须要求垄断主体对市场参与者重新平衡。因为即便给予受害方一定的利益补偿，也只是对受害者眼前利益的弥补，是一种暂时的补救。而不合理行政垄断对行业市场的损害还存在，这将在以后的长期内继续损害非行政垄断经营者的利益。垄断主体对市场参与者重新平衡就是将市场秩序恢复到良好的状态，这才是根本性的补救措施。

三、公用事业双重垄断规制的注意问题

在公用事业垄断规制的过程中，需要注意以下问题：

1. 反垄断与规模经济的矛盾问题

具有双重垄断属性的公用事业，一方面作为提供具有私人性质的产品和服务的产业，遵循受益付费原则；另一方面公用事业行业又具有自然垄断属性，垄断对其来说是合理的，存在着规模经济性。因此，反垄断和规模经济存在着悖论。反垄断的重点就落在了反不合理的行政垄断上。

2. 规制者和被规制者角色统一问题

在经济学中，学者们更多地关注自然垄断企业的规制问题，在经济成熟国家，行政垄断的现象比较罕见，对行政垄断企业规制的研究文献并不多见。行政垄断现象在中国倒是比较突出，因此造成了中国公用事业中的双重垄断。政府对行政垄断企业虽然也存在着规制，但手段十分单一，而且具体的规制者是这些企业的主管部门，即规制者就是受规制者，规制的主体与规制的客体合二为一，结果是可想而知的。

3. 公益性与盈利性的共存问题

相当一部分公用事业存在一种怪现象：一方面从市场上捞钱，另一方面朝国家财政要钱。在国家政策与企业自身经济利益一致时，它们会尽最大努力来执行国家政策，以捞取最大的好处；而当国家政策与企业自身经济利益不一致时，它们就会在执行时大打折扣，甚至利用行政权力维护和强化自身垄断地位。面对强制性交易行为，消费者别无选择。

4. 企业成本的泡沫问题

对于双重垄断公用事业部门来说，价格规制是重点。但是，由于被规制者的成本核算是在其部门内部进行的，人们不清楚企业内部的成本结构以及各类成本的核算尺度，所以无从得知企业所谓的规制价格是否适度。员工的工资及各种福利构成成本的一部分，如果垄断企业给予员工过高的工资，那么垄断企业的成本也会居于较高的水平，即使国家实施规制政策也没有实际意义，因为即使以成本定价，消费者的福利也依然可能被剥夺。

第五节　本章小结

本章主要是对双重垄断下公用事业部门的规制进行研究。首先，本章对规制的定义及基本规制理论进行研究，并分析了公用事业规制的必要性。其次，以电信、电力、铁路、邮政等行业为例，对中国公用事业的双重垄断规制现状及存在的问题进行研究。在公用事业垄断规制基本理论的基础上，结合中国的双重垄断现象，以及前文研究的双重垄断理论和模型，本章构建了中国公用事业双重垄断规制模型，并从行政垄断合理和行政不合理两个前提下探讨中国公用事业的双重垄断规制方法，以及双重垄断规制过程中需要注意的问题。

第六章 双重垄断规制影响评价方法研究

规制的目的是维持正当的市场秩序，提高市场的资源配置效率，保护大多数社会公众的利益不受少数人的侵犯，提升社会福利。但是规制运行中往往出现规制失灵、规制无效果或无效率，造成经济或社会损失。因此，需要对双重垄断规制的制定、实施、结果进行评价，避免出现规制失灵。本章将对双重垄断规制影响的评价方法进行研究。

第一节 双重垄断规制评价目的

双重垄断规制也会出现失灵现象。规制失灵指的是在政府规制不能改善市场机制自发调节时的经济效率或规制导致收入分配不公的现象。换句话说，当政府规制实施后带来的经济效率低于未实施规制前的效率即产生了效率损失时，就意味着政府的规制失灵。从历史上看，无论是在西方发达国家，还是后起的发展中国家，只要存在政府规制，都出现了不同程度的规制失灵。

政府规制失灵是政府失灵在微观规制领域的表现。萨缪尔森认为，当政府政策或集体行动所采取的手段不能改善经济效率或道德上可接受的收入分配时，容易产生政府失灵。查尔斯·沃尔沃把规制失灵看成是一种非市场缺陷，包括四种类型：成本与收入的分离造成成本增加、内在性和组织目标、派生的外在性和由权力和特权造成的分配不公平。

政府的规制活动受到严重的信息约束，规制者缺乏最佳规制所必须的信息，比如生产技术和需求弹性、内部激励结构以及外部供应商的供给合同等。规制者不能依靠那些只有企业一方持有的信息。由于政府缺乏实行最佳规制所必需的信息，或者由于特殊利益集团向立法机构和规制机构施加压力等原因，结果导致规制不仅无法纠正市场失灵，反而导致了市场效率的低下，出现了规制失灵。规制机构掌握的信息越多，对规制效率的提高越有利。Owen 和 Braeutigan 论述了被规制者操纵信息的方法：通过提供精心准备的材料，把规制机构导向它们合意的方向；限制信息；过度反应，把大量的信息推给规制机构，让它们消化不了；在非正式情况下向规制机构中的部分人提供不准确的信息；以一种尽可能技术性的形式提供相反的信息，比如在价格规制时，向规制机构提供远远高于实际成本的成本信息。为了纠正市场失灵而付出的规制成本，可能比原来存在的市场“疾病”所引起的负面影响更大。

中国公用事业双重垄断规制失灵可能表现为以下几个方面：

一、规制的关联费用增加

为了克服或减少规制者与被规制者之间的信息不对称，规制机构必须大量收集、分析有关被规制企业的财务、会计、事业计划、需求的结构和动向以及技术等方面的详细信息，并需要在企业和政府、议会之间进行调整，因此带来了大量的规制关联费用。从 20 世纪六七十年代起，由于规制产业部门的增加，这种行政费用逐渐扩大。为了有效执行规制任务，政府需要成立专门的规制机构，配备专职工作人员来处理被规制者的信息，还要投入大量的人力和物力监督政策的执行。

二、规制者寻租

规制的依据是法律法规，但是法律法规是死的，而且也并非绝对完备、严谨，因此，规制者在执行时具有一定的灵活性，这就给规制者的寻租带来了契机。Stigler、Posner 和 Buchanan 等认为，政府规制者也是经济人，也会在规制过程中追求物质或非物质方面的私利。作为一种“信息中介”或“授权监督机构”，规制机构对于被规制企业的了解，要比其政治委托人和社会公众具有更大的信息优势，这就存在被利益集团收买的危险，规制机构极有可能成为利益集团的“俘虏”。当现实中政府官员的利益目标与社会公共目标发生矛盾时，可能出现政府官员为追求自身利益而做出有害于公共利益的决策。由于寻租者为寻求垄断利润所花费的资源并没有用于具有生产性的地方，因此是一种浪费性支出，形成社会成本；同时由此所引发的成本还极有可能转嫁到消费者身上而形成额外的负担。所以，综合来看，最终造成的社会效率损失可能要比纯粹因垄断而引起的净福利损失大得多。图 6－1 给出了规制过程中因寻租问题造成的社会损失。

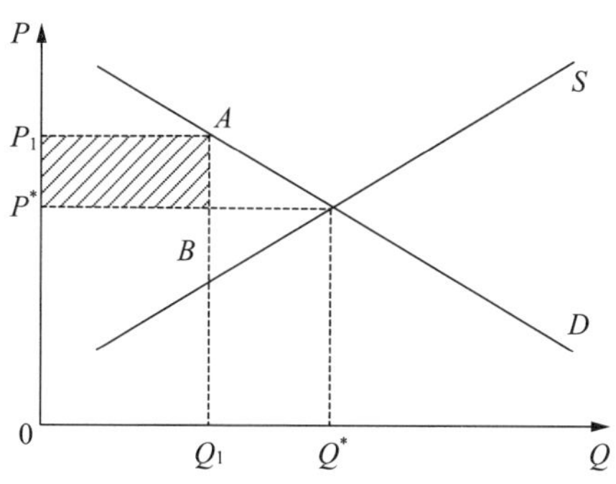

图 6－1　规制过程中因寻租问题造成的社会损失

三、被规制者内部效率低下

价格规制的定价标准基本上是以前一期的实际成本为基数进行调整，如果前期成本较低，那么后期调整后的价格就相对更低。这意味着，如果被规制者降低了成本，可能导致下一期的规制价格更低。所以，被规制者很难有积极性去降低成本。许多实证性研究表明，在实行投资回报率规制时，被规制企业会产生内部低效率。另外，进入规制可能也会导致垄断者缺乏竞争压力，因此缺少提高效率、降低成本、改进服务的动力。Farrell 和 Leibenstein 认为垄断者存在着超额的生产成本，从而在企业内造成生产非效率，他们称为 X 非效率。而且，在规制条件下，价格改动从申请、审查直到认可需要相当长的时间，这种规制时滞必然使企业的行为落后于市场环境的变化，往往导致被规制者蒙受一定的损失。

四、产品或服务的质量得不到保证

垄断的市场结构中，消费者只能被动接受垄断者提供的产品或服务的价格和质量。受规制的企业可能会在满足了政府制定的价格标准后降低产品或服务的质量，从而获得更多的利润。尽管政府可以对产品或服务的质量加以规制，但由于产品或服务的质量有许多维度，规制和度量的成本可能会大大超过其收益。因此规制者难以精确规定产品或服务的质量，甚至以规制成本过高而名存实亡、沦为摆设。

五、不合理收费和强制供给

如果政府对于双重垄断部门的规制不力，则会造成部分公用事业部门利用垄断地位广纳钱财。例如，通信领域的月租费、电话初装费、移动通信双向收费、充值卡过期作废等不合理收费和霸王条款以及机场建设费等。一些垄断部门利用经济优势，在提供商品或服务时，违背用户或消费者的意愿，限定其购买所指定

的商品，如之前电信局强制居民安装电话时购买指定的电话机。行政垄断可能会加剧这种不合理现象。

六、价格高昂，缺乏透明度

公用事业部门应该为社会提供公共服务，其公益性要求公用事业部门应该以较低的价格和质量服务于公众，排斥垄断高价。如果规制失灵则会导致价格高昂和缺乏透明度。比如中国电信的现状是，有关部门由于追求行业、部门的高额垄断利润，把社会公用事业变成行业、部门牟利的工具，严重损害了社会福利和公众利益，影响了国家经济、科技、教育的发展和人民生活水平的改善。

第二节　双重垄断规制影响评价的考虑因素

一、制度有效性

制度经济学理论认为，制度是否被遵守是可以进行评价的，否则制度就无法执行惩罚，无法执行惩罚的制度就是无效的制度。所谓制度的有效性，就是某种特定的制度对于人的行为发生现实影响的效力。制度的有效性问题具有以下两种不尽相同的内容：①制度是否有对于人的行为发生现实影响的效力；②制度对于人的行为发生现实影响的效力有多大。前者是制度的有效性质的问题，后者是制度的有效性量的问题。

制度虽然可以分为有效和无效，但是无效制度并不是指不对人的行为发生任何现实影响的制度，而是指这种制度对人的行为的现实影响为负或者为正，但是很小或者与这种制度的初始预期价值不合。相反，有效制度是指对人的行为的现实影响与制度的初始预期价值相符而且为正。

二、行政效率

行政效率是指在保证政府行动目标方向正确，并给社会带来有益成果的前提下，行政行动的产出与投入之间的比率。因此，行政产出与行政效率之间成一种正比例关系；而行政投入与行政效率之间成一种反比例关系。如果行政投入和行政产出均呈增长趋势，行政效率的高低主要取决于行政投入增加的速度和行政产出增长的速度之比。如果行政投入增长的速度快于行政产出增长的速度，则表明行政效率降低；如果行政投入增长的速度慢于行政产出增长的速度，则表明行政效率提高。行政效率的高低，是衡量行政活动成功与否的一个重要标准，也是检验行政管理现代化、科学化水平的一个重要标准。

导致行政无效率的一个主要原因是投入未得到充分利用，这种无效率称为技术无效率。导致无效率的第二个原因是多种投入要素未调整到最佳比例，这种无效率称为配置无效率或价格无效率。因为在确定最佳投入比例时，每一单项投入的价格（即投入成本）是一个重要的考虑因素。只有当技术效率和配置效率都达到较高的程度时，才可以说某个单位的工作具有高效率。

行政效率的要素包括效益要素、经济要素和时间要素。效益要素包括行政活动的方向和性质、行政决策的质量、行政工作的质量、在一定时期内完成行政任务的数量。经济要素主要是行政投入量的问题，从经济角度讲，提高行政效率的主要途径是降低行政费用。时间要素是指完成一定行政工作量所需要的时间数量。所有的行政工作都应有一个最迟的完成期限，超过这个期限，就可能造成严重的损失。

三、政策评估

政策评估是政策运行科学化的重要保障。广义的“政策评估”包括政策的事前评估、执行评估、事后评估三种类型。安德森认为，政策评估和政策的估

计、评价和鉴定作为某种功能活动，政策评估能够而且确定发生在整个政策过程中，而不能简单地将其作为最后的阶段。但目前国外一些学者将政策的事前评估归入“政策分析”的范畴。那格尔认为，政策评价主要关心的是解析和预测，它依靠经验性证据和分析，强调建立和检验中期理论，关心是否对政策有用，而主要是把评价看成一种科学研究活动。而狭义的“政策评估”则专指事后评估。关于事后评估，也有两种理解：①政策评估应以政策所达到的效果为主。目的在于鉴定政策执行后是否达到预期，确认政策实施对于政策问题的解决程度和影响程度，寻求通过优化政策运行机制的方式来强化和扩大政策效果。②政策评估应该对政策全过程进行评估，包括政策的制定、执行、监控，以及政策效果评估，是“有系统地应用各种社会研究程序，收集有关的资讯，用以论断政策概念化与设计是否周全完整；知悉政策实际执行的情形，遭遇的困难，有无偏离既定的政策方向；指出社会干预政策的效用”。

政策评估的意义体现在以下五个方面：①政策评估是一个完整的政策运行过程的重要组成部分。②政策评估是决定政策执行走向的科学依据。③政策评估是重新确定政策目标，制定新政策的必要前提。④政策评估是提高政策水平的重要途径。⑤政策评估是政策运行民主化、科学化的必由之路。

第三节　双重垄断规制影响评价方法设计

一、规制影响评价及其一般步骤

肖兴志和孙阳对规制影响评价相关理论进行了详细的研究。规制影响评价是对规制提案的可能影响和现行规制的实际影响进行系统估计，从而为决策者出台和修改规制提供信息的一种规制工具。规制影响评价有利于减少规制失灵，提高规制质量。规制方案的潜在影响可分为正面影响（收益）和负面影响（成本），信息提供方式应使决策者全面考虑规制方案能够产生的收益和成本。美国联邦行政机关规定：在拟定“重要”规制时，必须进行规制影响评价并选择能够解决问题的最有效方案。

规制影响评价首先侧重于规制方案绩效的评价：既强调效果，即规制目标的实现，又强调效率，即以最小成本实现目标。其基本思想是，没有一个“验前”标准能够预先判断规制方案的良莠，必须具体分析每项规划方案可能产生的收益和成本来判断其绩效。规制方案通常很难实现帕累托改进，往往涉及不同利益集团间的权衡取舍。通过比较规制政策实施前后的两种均衡状态下各个经济主体获得的利益和承担的成本，并赋予不同经济主体不同的权重，就能对规制方案对社会整体利益的影响做出评价。

肖兴志把规制影响评价分为规制评鉴和规制评估两个部分。

第一部分，规制评鉴。指规制方案出台前对规制提案或规制变动的预期影响进行的评价，为事前评价。规制评鉴一般经历初步的规制影响评价、进一步的规制影响评价和最终的规制影响评价三个阶段。初步的规制影响评价是形成规制提案的基础。如果备选方案中，规制方案产生的总收益的现值大于其带来的总成本的现值，并且其净收益的贴现大于其他任何方案净收益的贴现，则形成规制提案；否则，便采取其他方法解决问题。进一步的规制影响评价在初步的规制影响评价的基础上对规制提案的成本和收益分析做出修正。最终的规制影响评价是出台规制方案的依据，它以进一步的规制影响评价提供的信息和分析为基础，并对咨询结果做出反应。如果咨询过程中发现规制提案存在重大问题，则需要对规制提案进行修改；否则，便形成最终的规制影响评价，出台规制方案。

第二部分，规制评估。指规制方案出台后对现行规制的实际影响进行的评价，为事后评价。规制评估对规制方案付诸实践后实际产生的经济影响、社会影响、环境影响以及对可持续发展的贡献进行评价，与规制评鉴时建立的基准进行比较，为今后的规制决策提供信息。

规制影响评价的一般步骤如图 6－2 所示。

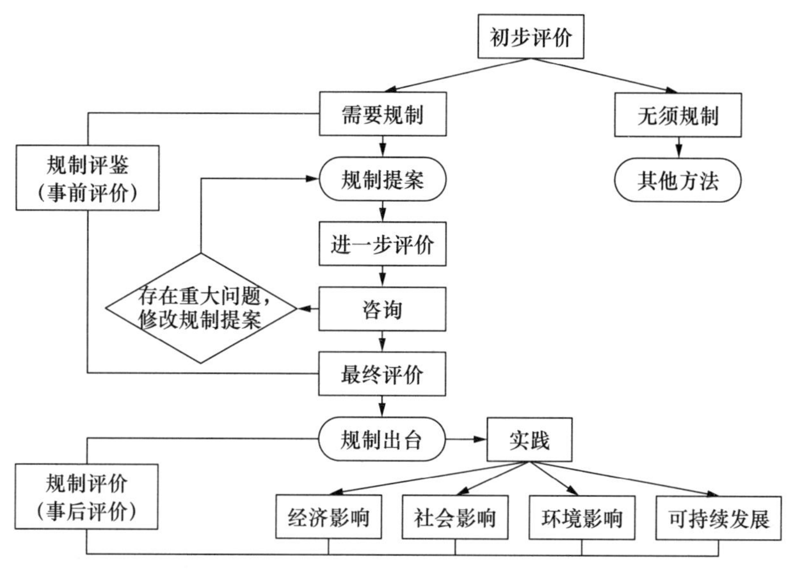

图 6－2　规制影响评价过程

二、双重垄断规制影响评价模型

规制影响经规制实施而直接涌现，同时与规制制定密切相关。所以，规制评价应对规制制定、实施和影响进行全程评价，规制制定、规制实施和规制结果共同构成了规制评价的客体。因此，双重垄断规制影响评价模型应该包括三个层次：规制制定阶段的评价、规制实施与监测阶段的评价、规制效果评价阶段的评价。规制制定阶段的评价指标包括：规制制度制定的必要性、合理性、自我实施能力、公平性、灵活性、与其他制度的兼容性、对环境的适应性等。规制实施与监测阶段评价指标包括执行质量指标、执行成本指标、执行速度指标、制度约束和调整能力等。规制效果评价阶段主要是对规制效力和规制效率进行评价。另外，规制评价还可以分为直接评价和间接评价。直接评价是对规制的制定、实施行为的评价；间接评价是对规制运行结果的评价。双重垄断规制影响评价模型如图 6－3 所示。

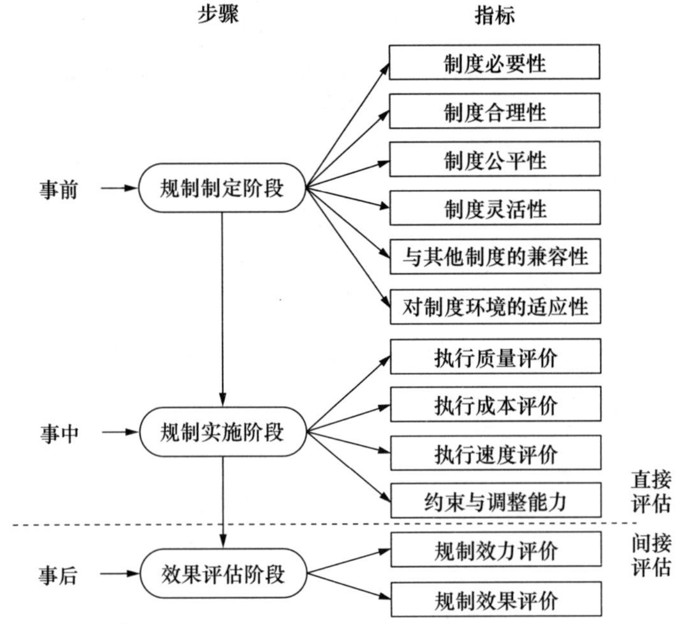

图6－3　双重垄断规制影响评价模型

三、双重垄断规制影响评价指标

1. 规制制定阶段评价指标

（1）规制制度制定的必要性。规制问题具有在客观上的严重性以及制度制定实施的迫切性。从经济学角度来看，垄断也并非一无是处，它可以发挥大规模经济的效果，促进大型创新活动的快速发展。为了让市场机制更好地配置资源，欧美国家对政府规制的认识也经历了一个由不用规制到强化规制再到放松规制的过程。可见，是否需要规制、规制的程度如何以及何时规制是首先要考虑的问题。一般而言，正在建立市场经济体制的国家，应该着力建立科学有效的政府规制，以此促进市场机制的建立，并让市场机制和均衡价格更充分地发挥作用。

（2）制度合理性。制度性质正义性。亚里士多德认为，政治的终极追求就

是达到“至善”，这种“至善”就是正义。作为评价规制制度合理性的价值取向，正义是指它与所在社会人们公认的价值观念、社会理想和伦理道德观念是否相统一，以及统一到什么程度；它是否符合社会大多数人的利益。正义是社会制度的首要价值，正像真理是思想体系的首要价值一样。一种制度，无论它多么精致和简洁，只要它不真实，就必须加以拒绝和修正；同样，某些法律和制度，不管它们如何有效率和有条理，只要它们不正义，就必须加以改造或废除。制度的性质决定其是正义的还是非正义的，正义制度的受益者应该是大多数人，非正义制度则相反。正义制度因其有利于多数人而受到多数人的拥护，因此产生较小的制度成本和较大的制度受益，也就产生了较大的有效性。

内容表述合理性。目标明确、具体，文字表达清楚，使人不产生歧义。首先要做到内容严密，疏而不漏。规制制度对涉及的方方面面都应规定得清清楚楚，不能有丝毫的疏忽和遗漏。规章制度如若太原则、太抽象、不具体，就会难以准确理解，不便于操作实施。其次要层次严谨，条款分明。如果不分条款一大片，就容易出现模糊不清或丢三落四，既不便于记忆，也不便于执行。要做到章与章独立，而条与条相连。再次要采用说明方式、措辞无懈可击。规章制度几乎通篇都采用说明的表达方式，只需把有关条款说清楚即可，一般不用去逐条申述其理由或意义，更没有必要把每条规定的制定过程和背景都写出来。规制内容一定要严密，每一个章节、条款、字词，乃至标点符号，都要认真推敲，都必须有肯定的属性，有明确的含义。保证读者对任何条款都只能有一种理解。如果措辞含糊，不但起不到有利于管理的目的，反而会带来新的混乱。最后要具备相应的罚则。做到罚则具体、准确，便于操作。解释条款是规定谁有权对条款内涵作出解释，且要做到只有一个解释机关。一般情况下解释机关与主管机关或授权执行机关是一致的。

制度结构健全性。主体、客体及规则之间搭配得越合理，制度的有效性就越大。制度主体的模糊或不合理，会使制度因无人执行或者多头指挥等原因而无法运转。制度客体的模糊或不合理，会使制度因目标不清或者无处着手而无效运转。如果制度规则不合理或过于空泛，则会使制度因定位模糊或者无法执行而形同虚设。规制的条款类型要齐全，包括依据或目的性条款、限定适用范围与主管机关的条款、明确重要概念的条款与弹性条款、违反处罚的条款、保证规章统一性的条款、解释和废止的条款等。从规制结构上来说，要做到从一般到个别、从总纲到细目、从原则到例外。一般来说，多把依据或目的性条款列为第一条，用来说明该规章制度是依据什么法律或法规制定的，或说明制定该规章制度的目的是什么。

制度可行性。任何制度都必须具有实际的可操作性和可运作性，不能仅仅停留于理论图景中。明确政策实施在政治、经济、文化、技术、人员上可行与否。制度的运行与发挥作用要合乎自然规律和社会历史规律。社会历史的发展总是表现出一定的趋势和方向，任何制度都必须与它的历史发展阶段相适应，不能超越历史阶段而谈抽象的制度。只有符合当时社会历史发展趋势的制度才具有基本合理性。为了保证规制制度能够被准确无误地贯彻执行，还需要专门增加条款对重要概念下定义或限定其外延，以保证重要概念内涵与外延的确定性。在起草规制条款时，要预测执行中可能产生的问题，找出在执行或理解制度的过程中可能产生的分歧，然后对漏洞逐个加以弥补。另外，现行规制制度与其他相关制度及老规制制度之间的兼容性，对于制度可行性的影响也十分显著。

（3）制度的公平性。制度面前人人平等，不因任何个人情况而区别对待。规制制度应该是以“一般人”而非“特殊人”为假设的。制度的规则不因时间、地点、对象的变化而变化。一般意义上讲，制度似乎是中性的，同一制度下的所有主体都受到同样的影响，得到同样的利益，承担同样的成本。但事实上，制度很难做到绝对中性。在同一制度下不同的人或人群所获得的往往是各异的东西，而那些已经从既定制度中或可能从未来的某种制度安排中获益的个人或集团，无疑会竭力去维护或争取。尽管从表面上看，规制制度制定出来后，对于所有规制对象具有普遍约束性，但在规制制定的过程中，总有其立场、出发点和各种预设前提，这些立场、出发点和前提肯定是有利于参与制定规制制度的人的。解决这一问题的唯一办法就是尽可能扩大参与规则制定的范围，对于每一个利益主体来说，就是尽可能地进入各种各样的规则制定的过程，成为其中的成员。一般而

言，制度的有效性与制度的公平性呈正相关关系。公平的制度因其公平而拥有的制度认同度较高，从而有利于制度有效性的发挥。

（4）制度的灵活性。这是指制度在面对千差万别的具体情况时能够相对灵活地加以处理的弹性能力。制度的灵活性是建立在制度自身之上的自我调适性。制度的灵活性可以防止制度僵化和制度老化。把握好规制制度原则性和灵活性之间的关系，是决定规制制度能否避免僵化而又充分发挥作用的关键。原则性体现规制制度的大局观、严肃性和纪律性。制度的原则性是制度的灵魂，在执行过程中，如果抛开了制度的原则性，制度就不成为制度。但如果在特定的条件下，对情况和问题不能权宜变达，灵活处理，则制度又将会扼杀企业的生机并陷入僵化。制度的有效性与制度的灵活性呈正相关关系。

（5）制度与其他制度的兼容性。规制制度与其他相关规章制度及国家现行法规之间应该协调统一、相互配合、相互呼应。如果规章制度之间前后不衔接，或内涵外延有矛盾，执行过程中就会趋利避害、各取所需，不仅解决不了问题，还会引起新的问题。因此，规制制度需要有维护规章制度统一性的条款。另外，随着社会经济的发展，规制制度也会相应发生变化，因此在出台新规制制度时还要考虑废止性条款，以避免新老制度之间出现摩擦，降低制度的可行性。制度与其他制度之间的兼容性越好，制度的有效性就越大。

（6）制度对环境的适应性。这是指制度对历史传统、地理条件、宪法原则、文化特点以及风俗习惯等外部环境的适应性。制度对外部环境的适应性越高，说明制度越有生命力，因此有效性越大。比如，市场和生产状况的变化会导致一个行业可能不再具有自然垄断属性。对规制者来说，一个关键的任务是辨明这种转变会在什么时候发生，然后决定在什么时候开放这一产业并消除规制。即使在某一段时期、某一特定市场的成本和需求状况要求实施垄断规制，随着时间的推移而发生的一些变化，也可能会造成继续规制变得不合理。

2. 规制实施与监测阶段评价指标

（1）执行质量指标。准确度。规制者能否准确按照既定的规制要求执行，除了对规制者行为进行监督、考核，被规者的相关投诉也是考核的重要内容。准确度越高，实施状况越好。

满意度。被规制者的投诉率、违规事件的发生率，以及规制机构复议和诉讼的胜诉率等。满意度越高，实施状况越好。

（2）执行成本指标。任何制度都必须关注其存在及实施成本，成本过于高昂，也会使制度失去其现实性。执行成本是指在制度系统的运作过程中所需投入的各种资源的耗费，包括维持制度的成本、制度运行的成本、制度功能实现的成本，比如信息收集成本、规章制定成本和规制实施成本。规制机构在采取规制行为时尽管并不一定遵循明确的行政程序，但是大都会涉及上述三个方面。从现实市场状况来看，所有的市场都存在信息不完全的现象。所以要想建立相对完备而又适宜的规制制度必须要获得相对充足的相关信息，必须支付一定的信息收集成本。在政府社会性规制实施过程中，不仅规制实施机构自身的运行需要一些基本的资源成本，而且规制当局的自主裁决与寻租也会造成一些资源的浪费。寻租行为不仅会使被规制企业确保超额利润，而且由寻租行为所引发的成本会成为需求者的额外负担。另外，在规制过程中对某些市场不完全性和市场失灵可能引起的资源配置不当所进行的调整，也会带来风险成本的转移和再分配。

（3）执行速度指标。完成一定规制工作量所需要的时间、速度越快，说明实施状况越好。执行速度可以从以下几个环节来考核：

规制执行的工作环节。由内部工作环节和外部监督环节两部分构成，从现代管理学的角度来看，倾向于简化内部环节，适当加强外部环节。

规制机构设施运行的有效性。处理规制事务时所需的办公场所、设备是否能有效运行。

规制机构人员工作效率。规制机构工作人员能否及时有效地处理与规制相关的事物。在中国，行政机构工作人员相互扯皮、服务态度蛮横等现象十分普遍，因此，对于规制机构来说，考查其工作人员的工作效率是一件非常重要的事情。

（4）制度约束和调整能力。规制机构对违背规制的行为进行查处，以及对

制度本身的失误进行修订的情况。应该把查处违背规制行为的力度和有效性作为评价指标，而不是次数。一个具有约束力的规制制度，在其实行期间是不应该发生违背规制的行为的。一旦发生违背现象，规制机构的处理方法、处理速度、处理力度如何，能否有效制止下一次同类事件的发生是关键。另外，规制可能推进经济和社会福利的提高，也可能造成经济和社会福利的损失，既可能弥补“市场失灵”也可能出现“规制失灵”。如果在规制制度执行过程中，发现规制制度的不合理处，规制机构的调整或者灵活处理能力也是规制评价的一个重要方面。

3. 规制效果评价阶段相关指标

（1）规制效力评价。即规制政策实施前后，双重垄断市场的监测指标是否发生显著变化。由此可以得出规制制度有效与否。规制效力的评价可以从所有规制的整体效力评价和各项具体规制的个别效力评价两个方面进行。从规制的整体效力评价来看，一方面表现为整体社会福利的提高，而可能需要一定的时间才能观察到；另一方面表现为各项具体规制的个别效力的累积，这需要各项规制之间的有机配合。从单项规制效力来看，如果监测指标朝着预想的方向变化，并产生积极的影响，则表示该项规制制度是有效的；朝相反方向变化、无变化或者产生消极的影响，都表明该项规制制度是无效的。

政府规制范围和程度的准确界定是提高双重垄断规制有效性的根本保证。政府规制的“越位”和“缺位”、规制过严和规制过松都是造成规制有效性降低的重要原因。规制制定前的决策控制和分析，政策执行的事中、事后效果评价，都可以在一定程度上减少“规制失灵”，提高规制政策的有效性，从而实现在最小资源耗费下达到规制收益的最大化。规制制度缺乏激励、“规制俘获”、信息不对称等都是产生规制效力不高的另一诱因。政府对双重垄断的规制应该追求更好而不是更多或更少。

（2）规制效率评价。规制效率的意义在于通过规制制度本身的设置与运作以最小的成本费用获取最大化的收益，即通过降低或减少制度安排的建立及实施过程的成本，如所花费的时间、人力、物力和财力等，而获得最大的实际效果。

规制效率评价的主要方法是成本—收益法。可把规制制度产生的正面影响视为收益，把规制制度产生的负面影响视为成本，这样，成本—收益分析法可用于规制活动的系统性定量评价。在公共政策评价中，“成本—收益”分析是以“社会净收益”为尺度来定量评估政府政策行为所带来的经济和社会影响。社会净收益是社会收益与社会成本的差值。按照成本—收益原则，只有在预算约束下，政府的政策行为带来的社会净收益为正值时，此项行为才被认为是经济上合理的。社会净收益为负值（即政策的成本超过收益）的政策在经济上不具有可行性。当政策行为的影响持续多年时，可以通过“贴现”将发生在不同时间点上的成本和收益进行比较。按照净现值法则，当政策行为的净现值为正时方可实施。规制政策的成本—收益分析可以帮助规制者判别规制的效果，确定最佳规制程度。

一般情况下，规制成本将以一个递增的比率增加，而规制收益将以一个递减的比率增加，规制的最好水平是使收益曲线与成本曲线之间的距离最大。当规制所产生的成本的增长速度等于其带来的收益的增长速度时，规制达到最优水平，如图 6 -4 所示。

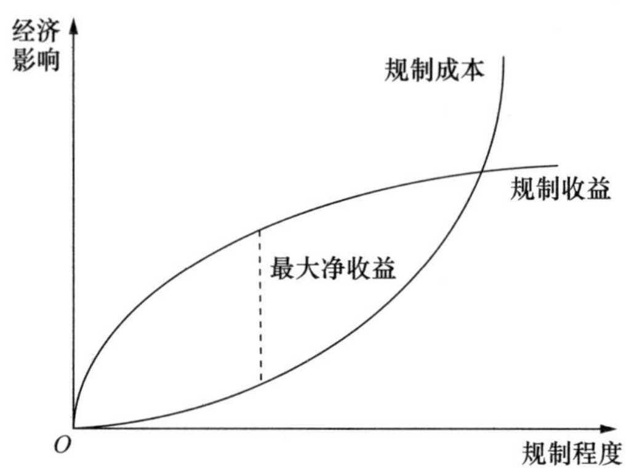

图 6 -4　规制的成本与收益

从图 6 -4 可以看出，最初的规制努力总是能带来净收益。然而，随着管制越来越严格，管制成本的上升速度越来越快，而收益的增长却越来越慢。这意味

着当政府规制严格到一定程度时，为获得新增一个单位的管制收益要付出的成本可能不合理地高昂。直到更严格的规制带来的成本远远超过其收益。

但成本—收益分析法并不适用于所有领域。首先，成本—收益分析法对数据和技术的要求较高。其次，对于一些特殊领域，法律明确禁止使用成本—收益分析程序，不管成本有多大，都必须执行法定标准。但是在公用事业领域，基本上还是适用的。

第四节 本章小结

本章主要是对中国公用事业双重垄断规制影响的评价方法进行研究。由于信息不对称等原因，规制运行中往往出现规制失灵、规制无效果或无效率，造成经济或社会损失。规制失灵表现在规制关联费用增加、规制者寻租、被规制者内部效率低下等方面，因此，需要对双重垄断规制影响进行评价。双重垄断规制影响是一个整体的过程，评价应从规制制定开始，到规制实施、规制效果评估等阶段。本章构建了双重垄断规制影响评价模型，设计了与相关阶段对应的评价指标，并进行详细分析。

第七章 结论

本书主要是对基于双重垄断理论的中国公用事业规制模式进行研究。中国公用事业经历了计划经济向市场经济转轨的阶段，其具有不同于国外公用事业自然垄断的特征，存在着自然垄断和行政垄断并存的双重垄断特征。这也意味着对于中国公用事业规制体制的改革无法照搬国外现成的实践与理论，应该在详细分析国内公用事业双重垄断自身特点及与国外公用事业行业差异的基础上，有目的、有针对性地制定中国公用事业规制改革模式。在对国内外研究理论进行综述的基础上，本书对双重垄断的概念、形成机理进行研究，提出了双重垄断模型，并以电信行业为典型进行实证研究。针对中国公用事业双重垄断的现象，本书提出了双重垄断规制模型和规制影响评价方法。总体而言，本书研究所得出的主要结论和创新点如下。

第一，提出了双重垄断的概念，并得出双重垄断在中国公用事业中普遍存在的结论。

自然垄断是指因生产技术具有规模经济的特征，使得单位产品或服务的平均成本随着产量的增加而递减形成的垄断。行政垄断是指用行政权力管住市场准入，在一个市场只允许一家企业独家经营或少数几家企业经营而形成的垄断。但在现今中国由计划经济到市场经济转变的与其他国家不同的特殊背景下，还存在着另外一种由两者相交、相并而成的垄断形式，即双重垄断。根据自然垄断和行

政垄断相互关系的不同，可以把双重垄断分为交集式双重垄断、并集式双重垄断和混合式双重垄断。由于市场和技术变化，垄断形式并非一成不变的，自然垄断、行政垄断、不同的双重垄断形式之间可以相互转化。根据双重垄断形成和转化的方向，本书共总结了八种路径。

大多数公用事业本身就具有自然垄断特征，又因为公用事业关系着人民的基本利益，比较容易被行政垄断，因此，双重垄断现象在公用事业部门中更为普遍。中国尤其如此，这也与中国早期实行的计划经济有关。本书总结了双重垄断的基本经济特征，包括成本弱增性、网络系统性、范围经济效益性、需求弹性、强制性、复杂性等。

第二，构建了双重垄断模型，分析了双重垄断模型的稳定性和演化方式，并以电信行业为案例对双重垄断模型进行实证分析。

双重垄断模型可以细分为三个维度，分别为自然垄断程度、行政垄断程度和双重垄断形式。其中，自然垄断可以细分为强自然垄断、第一类弱自然垄断和第二类弱自然垄断三种；行政垄断可以细分为高度、中度、低度三种；双重垄断形式可以细分为交集式、并集式和混合式。本书提供了双重垄断形式、程度的判别方法，根据此方法可以对双重垄断行业进行定位。

双重垄断模型的稳定性是指某一产业双重垄断状态（主要指双重垄断形式和程度）的长期性和不易改变性。双重垄断模型的稳定性与否取决于自然垄断的可维持性或不可维持性，行政垄断的合理性或不合理性。基于此，本书按照稳定性把双重垄断分为强稳定、稳定、偏稳定、偏不稳定、不稳定五种。不稳定的双重垄断属性势必要向某个方向转化。从外部演化角度来说，双重垄断属性可能会消失，从而完全转化为行政垄断、自然垄断、市场垄断或市场竞争。从内部角度来说，双重垄断可能在同一层次、不同层次间交叉演化。

本书对电信、电力、邮政、铁路等行业的分析结果发现，中国公用事业中的双重垄断现象十分严重，这是由中国早期的计划经济导致的。本书利用电信行业作为案例进行实证分析，分析结果验证了双重垄断模型及相关理论。

第三，构建了中国公用事业双重垄断规制模型，从合理和不合理两个角度提出了中国公用事业双重垄断规制的一般方法。

对公用事业的双重垄断进行规制是必要的。规制可以抑制企业垄断价格，维护社会分配效率；防止破坏性竞争和浪费，保证经济效率和供应稳定；防止双重垄断企业利用垄断地位额外经营竞争性业务，造成不正当竞争；实现政企分家；削弱市场竞争与国有资产的保值增值目标的矛盾；削弱行政性委托代理和企业经济性委托代理之间的矛盾；避免政治腐败。

对中国公用事业双重垄断规制现状的研究发现：在中国公用事业的双重垄断规制中，对行政垄断规制的力度要大于对自然垄断的规制力度，其规制的效果往往收效甚微。归根结底还是因为没有认识清楚其中的双重垄断性，把行政垄断和自然垄断混淆起来。因此，本书提出了中国公用事业的双重垄断规制模型，以及不同情境下的规制策略。

第四，构建了公用事业双重垄断规制影响评价模型，设计了与规制制度各个阶段对应的评价指标。

规制运行中往往出现规制失灵、规制无效果或无效率，造成经济或社会损失，双重垄断规制也不例外，表现为规制的关联费用增加；规制者寻租；被规制者内部效率低下；产品或服务的质量得不到保证；不合理收费和强制供给；价格高昂，缺乏透明度等现象。因此，需要对双重垄断规制的制定、实施、结果进行评价，避免出现规制失灵状况。

双重垄断规制的评价应对规制制定、实施和影响进行全程评价。因此，双重垄断规制影响评价模型包括三个层次：规制的制定阶段评价、规制的实施与监测阶段评价、规制的效果评价阶段评价。规制制定阶段的评价指标包括：规制制度制定的必要性、合理性、自我实施能力、公平性、灵活性、与其他制度的兼容性、对环境的适应性。规制实施与监测阶段评价指标包括执行质量指标、执行成本指标、执行速度指标、制度约束和调整能力。规制效果评价阶段主要是对规制效力和规制效率进行评价。

本书的研究丰富了产业经济学关于自然垄断、行政垄断的研究；本书所提出的双重垄断模型有助于降低公用事业交易成本，提高社会福利，推动中国公用事业产业规制改革活动的发展。但是由于客观条件限制，本书研究中有些问题需要更加深入的探讨，包括：双重垄断中，自然垄断和行政垄断的相互影响；双重垄断规制改革的约束因素；由于本书提出的对双重垄断的规制模式没有在实践中应用，故第六章双重垄断规制影响评价的数据不存在，所以只是进行了评价方法的研究，在以后的工作和科研中力求结合中国电信行业双重垄断问题提出规制模式的评估，充实第六章的内容并完善自己的论点和研究。

附录

附录一　电信服务标准（试行）

1. 总则

1.1　为加强对电信企业服务质量的宏观管理，维护电信用户的合法权益，使电信服务质量管理和监督系统化、规范化，特制定本标准。

1.2　本标准适用于在中华人民共和国境内取得经营许可证的电信运营企业（以下简称“电信企业”）。

1.3　本标准包括直接反映电信服务质量和水平、与用户使用电信业务关系密切的服务质量（非技术性）指标和通信质量（技术性）指标。

1.4　本标准是电信企业提供电信业务时，应当达到的服务质量标准；是电信主管部门及用户对电信服务质量实行监督的基本依据。

1.5　电信企业应根据实际情况，制定不低于本标准的实施细则，建立健全服务质量保证体系，并按规定的时间和内容，向电信主管部门报告本企业服务质量状况。

1.6 电信主管部门根据社会需求和电信服务水平的变化，调整本标准的指标项目和指标值。

1.7 电信主管部门负责监督检查本标准执行情况。

1.8 本标准由信息产业部负责解释。

1.9 本标准自2000年7月1日起施行（有特殊规定的条款除外）。

2. 通用服务规则

2.1 电信企业必须遵守国家和电信主管部门的有关政策、法规。树立以用户为核心改善服务工作的观念。

2.2 电信企业提供电信服务时，应公布其服务项目、服务时限、服务范围及“售后服务”等内容。应在营业场所明显位置公布收费项目和资费标准。

2.3 用户办理电信业务时，电信营业部门应向其提供使用该项业务的说明资料，包括业务功能、费用收取办法及交费时间、障碍申告、咨询服务电话等，并以书面形式明确企业与用户双方的权利和义务。

2.4 电信企业必须严格执行国家制定的电信业务资费政策和标准，做到明码标价，严禁乱收费，并应以多种方式为用户交费提供方便。

2.5 电信企业应当合理设置服务网点或代办点，合理安排服务时间或开设电话受理业务，方便用户。电信企业应当为残疾人和行动不便的老年用户提供便捷的服务。

2.6 “窗口”服务人员应为用户提供热情、周到的服务，耐心、准确地解答用户的提问。入户服务人员应遵守预约时间，爱护用户设施，保持环境整洁。

2.7 对重要用户的故障处理，电信企业应根据用户的需要，与用户协商签定处理故障应急方案及抢通时限的协议，并严格遵守。

2.8 因电信企业检修线路、设备搬迁、工程割接、网络及软件升级等可预见的原因影响用户在24小时以内使用的，应在72小时以前告知所涉及的用户；超过24小时或影响重要用户使用的，应事先报电信主管部门批准。

2.9 电信企业应向用户提供业务咨询、查询和障碍申告受理等业务，并免费提供通信费用查询。

2.10 电信企业应采取公布监督电话等多种形式，认真受理用户投诉，并在15个工作日内答复用户。

2.11 电信企业应建立与用户沟通的渠道，进行用户满意程度测评，听取用户的意见和建议，自觉改善服务工作。

3. 服务质量指标

3.1 固定电话服务质量标准。

3.1.1 电信企业应当免费提供火警、匪警、医疗急救、交通事故报警等紧急电话的接入服务。

3.1.2 电话装机、移机时限：城镇最长为30日，农村最长为40日。电话装机、移机时限指自电信企业受理用户装机、移机交费之日起，至装机、移机通话所需要的时间。

3.1.3 电话复话时限：最长为24小时。电话复话时限指自停机用户办理恢复开通手续、归属电信企业收到有关费用时起，至电话恢复开通所需要的时间。

3.1.4 用户市话业务变更时限：最长为24小时，用户市话业务变更时限指用户办理更名、过户以及各种程控电话服务项目，自办理登记手续且结清账务时起，至实际变更所需要的时间。

3.1.5 用户长途业务变更时限：最长为24小时。用户长途业务变更时限指用户办理增减长途直拨功能，自办理时起，至实际完成变更所需要的时间。

3.1.6 电话障碍修复时限：城镇最长为48小时，农村最长为72小时。重要用户的电话障碍修复时限：以电信企业与该用户签订的协议为准。电话障碍修复时限指自用户向障碍台申告时起，至故障排除、恢复正常通话所需要的时间。

3.1.7 由于电信企业原因需要更改用户电话号码的，电信企业应当至少提前10日告知用户改号时间和更改后的电话号码，号码更改后，至少应在20日内连续播放改号提示音。

3.1.8 电话号码冻结时限：最短为90日。电话号码冻结时限指该号码注销后至重新启用所需要的时间。

3.1.9　电话服务台应答时限：最长为15秒。电话服务台应答时限指自用户拨号完毕听到回铃音至话务员（包括电脑话务员）应答所需要的时间。

3.1.10　电信企业应当提供电话号码查询业务，电话查号准确率应达到95%。

3.1.11　公用电话代办点应当按照电信企业要求设置规范标志，张贴收费标准，使用符合国家标准的计价器具，按标准向用户收取费用，并接受电信企业的监督和检查。

3.1.12　发生固定电话重大通信障碍阻断，应当立即向电信主管部门报告。固定电话重大障碍阻断指电路阻断超过10（万户×小时）。

3.1.13 电信企业应当根据用户的需要，免费向用户提供长途话费详细清单。(2000年底前首先在省会城市范围内实现)

3.2　电话信息服务质量标准。

3.2.1　信息台提供信息服务，应当向社会公开各类信息内容计费标准。用户拨通信息台后，信息台应当免费向用户播送收费标准提示音。

3.2.2　信息台播放的引导音不得收费。

3.2.3　信息内容应当健康、准确。信息准确率应当达到95%以上。对于经常变更的信息，应同时向用户说明该信息的有效时间。

3.2.4　人工信息咨询员不得谈论与用户所提问题无关的话题，不得故意拖延时间。

3.2.5　信息台应当根据用户需求免费提供信息收费清单。

3.3　数字蜂窝移动电话服务质量标准。

3.3.1　电信企业应当向用户说明其网络覆盖范围及漫游范围。

3.3.2　电信企业应当免费提供火警、匪警、医疗急救、交通事故报警等紧急电话的接入服务。

3.3.3　移动电话入网开通时限最长为24小时。移动电话入网开通时限指用户办理入网手续、归属电信企业收到有关费用时起，至移动电话开通所需要的时间。

3.3.4　移动电话复话时限：最长为24小时。移动电话复话时限指停机用户办理恢复开通手续、归属电信企业收到有关费用时起，至移动电话恢复开通所需要的时间。

3.3.5　移动电话业务变更时限最长为24小时。移动电话业务变更时限指用户办理更名、过户等服务项目，自办理登记手续且结清账务时起，至实际变更所需要的时间。

3.3.6　移动电话通信障碍修复时限最长为24小时。移动电话通信障碍指由本移动通信企业原因造成，非手机原因引起的障碍；移动电话通信障碍修复时限指用户向电信企业申告障碍时，至障碍排除、恢复正常使用所需要的时间。

3.3.7　由于电信企业原因需要更改用户电话号码的，电信企业应当至少提前10日告知用户改号时间和更改后的电话号码，号码更改后，至少应在20日内连续播放改号提示音。

3.3.8　移动电话号码冻结时限最短为90日。移动电话号码冻结时限指该号码注销后，至重新启用所需要的时间。

3.3.9　发生移动电话重大障碍阻断，应当立即向电信主管部门报告。移动电话重大障碍阻断指电路阻断超过10（万户×小时）。

3.3.10　电信企业应当根据用户的需要，免费向用户提供移动电话发生的长途及漫游话费详细清单（2000年底前首先在省会城市范围内实现）。

3.4　无线电寻呼服务质量标准。

3.4.1　经营无线电寻呼业务的电信企业应当向寻呼用户说明其无线发射信号覆盖范围以及联网服务覆盖范围。

3.4.2　无线电寻呼购机入网开通时限最长为24小时。无线电寻呼入网开通时限指用户办理入网手续、归属电信企业收到有关费用时，至寻呼机开通所需要的时间。

3.4.3　寻呼机恢复开通时限最长为24小时。寻呼机恢复开通时限指用户办理恢复开通手续、归属电信企业收到有关费用时起，至寻呼机恢复开通所需要的时间。

3.4.4 寻呼话务员应答时限最长为15秒。寻呼话务员应答时限指寻呼用户拨号完毕听到回铃音，至话务员应答所需要的时间。

3.4.5 寻呼话务员应当准确、及时发送寻呼信息。

3.4.6 寻呼台要为寻呼用户至少保留最新10条寻呼信息。

3.4.7 对要求变更业务或者复台查询信息的用户，寻呼话务员应当验证其密码或者采取其他安全保密措施。

3.4.8 寻呼用户号码冻结时限最短为90日。寻呼用户号码冻结时限，指该号码被注销时起，至重新启用所需要的时间。

3.4.9 寻呼用户提出终止接受寻呼服务时，寻呼企业应当退还寻呼用户预缴服务费的剩余部分。以月为单位计算应退金额；不足一个月时，15天（不含）以内不计，超过15天以1个月计。

3.5 数据通信服务质量标准。

3.5.1 预受理时限一般用户最长为3个工作日，集团用户最长为5个工作日。预受理时限指用户登记后电信企业查线，答复用户能否安装所需要的时间。

3.5.2 装机、移机入网时限。以拨号方式接入最长4个工作日，以专线方式接入最长7个工作日。装机、移机入网时限指电信企业自受理之日起，至为用户开通数据业务，实际占用的时间（不包括用户接入线部分）。

3.5.3 数据通信设备障碍修复时限。一般用户的障碍修复时限最长8小时，重要用户的障碍修复时限：以电信企业与该用户签订的协议为准。数据通信设备障碍修复时限指排除数据设备故障及代维用户设备故障所需要的时间（不包括用户接入线部分）。

3.5.4 发生重大通信障碍阻断，应当立即向电信主管部门报告。重大通信障碍阻断指阻断影响超过（2Mbit/s×8×1小时）；对因特网业务指电话拨号业务阻断影响超过1万户×小时；专线业务阻断影响超过500端口×小时。

3.6 租用电路服务质量标准。

3.6.1 预受理时限最长为3个工作日。预受理时限指用户登记后电信企业查线，答复用户能否安装所需要的时间。

3.6.2　电路开通时限。

一般用户：

（1）话音频带电路（包括音频专线）：最长为30日。

（2）帧中继电路：最长为7个工作日（用户线部分见话音频带电路）。

（3）数字数据电路：最长为7个工作日（用户线部分见话音频带电路）。

（4）2Mb/s以上数字电路：最长为30日。重要用户电路开通时限：以电信企业与该用户签订的协议为准。开通时限指电信企业自受理之日起，至为用户开通租用的线路，实际占用的时间。

3.6.3　障碍修复时限。

一般用户：

（1）话音频带电路（包括音频专线）最长为48小时。

（2）帧中继电路最长为8小时（用户线部分见话音频带电路）。

（3）数字数据电路最长8小时（用户线部分见话音频带电路）。

（4）2Mb/s以上数字电路与用户签订协议。重要用户障碍修复时限以电信企业与该用户签订的协议为准。障碍修复时限指电信企业排除出租线路的机、线故障或采取其他方式恢复用户正常通信所需要的时间。

4. 通信质量指标

4.1　固定电话通信质量指标。

4.1.1　拨号前时延。平均值≤0.8秒，最大值≤1秒拨号前时延是用户摘机后至听到拨号音瞬间的时间间隔。

4.1.2　拨号后时延。长途呼叫的拨号后时延平均值≤6秒，最大值≤10秒，有卫星电路接入时放宽到20秒；本地呼叫的拨号后时延平均值≤2.2秒，最大值≤6秒拨号后时延是用户拨号终了至网络送出回铃音或忙音之间的时间间隔。

4.1.3　网络接通率。固定网内长途呼叫的接通率≥85%，固定网内本地呼叫的接通率≥95%网络接通率为用户应答、用户忙和用户久叫不应的次数与总呼叫次数之比（在忙时统计）。

4.1.4　传输损耗≤21dB。

传输损耗指网络中任意两个用户之间的传输损耗。

4.1.5　振鸣和准振鸣。振鸣的概率≤0.1%，准振鸣的概率≤1%。

4.1.6　发话人回声。概率<1%。

4.1.7　可懂串话。本局用户间≤0.1%，非本局用户间≤1%。

4.1.8　单向传输时间。一般情况下单向传输时间<150ms，对于有卫星电路的连接其单向传输时间<400ms。端到端的单向传输时间对话音等交互型业务是一个很重要的参数。过长的传输时间将导致用户通话困难。在本地局之间是纯数字网情况下，单向传输时间可按下式估算：3+(0.005*距离)ms(距离单位为公里)3ms 常数是对一个 PCM 编码器和解码器和 5 个数字交换机予留的传输时间。

4.1.9　网络的通话中断率$<2\times10^{-4}$（暂定），通话中断率（掉话）表示网络的可保持性能。在用户所要求通话的持续时间内，网络应有连续为用户提供服务的能力。

4.1.10　计费差错率$\leq10^{-5}$（暂定）计费差错率指出现计费差错的概率（包括电话信息服务台的计费）。

4.2　数字蜂窝移动通信质量指标。

4.2.1　可接入率。在无线覆盖区内的 90% 位置，99% 的时间移动台均可接入网络（即手机可接入到网络）。

4.2.2　网络接通率≥80%。

网络接通率为忙时用户应答、用户忙、用户不可及的次数与总呼叫次数之比。其呼叫接续包括移动拨打固定、固定拨打移动和移动拨打移动。

4.2.3　拨号后时延。

移动用户拨打固定用户的拨号后时延≤15 秒

固定用户拨打移动用户的拨号后时延≤25 秒

移动用户拨打移动用户的拨号后时延≤30 秒

拨号后时延指用户拨号终了或移动用户按发送键，直至网络送出回铃音、忙音或给出语音提示的时间间隔。

4.2.4　通话中断率（掉话率）<5%。

通话中断率指在用户通话过程中，出现掉话的概率。移动网中的通话中断率包括所有原因（即包括用户侧原因）造成的掉话。

4.2.5　无线信道拥塞率（无线信道呼损）<3%。

由于无线信道（包括话音和信令信道）出现拥塞，而导致业务失败的概率。

4.2.6　发话人回声待定。

4.2.7　可懂串话待定。

4.2.8　计费差错率≤10－5（暂定）。

计费差错率指出现计费差错的概率。

4.3　寻呼系统通信质量指标。

4.3.1　系统响应时延（自动寻呼系统）：当用户位于寻呼接收机的归属寻呼区内时，≤6 秒（考虑采用 1 号信令）；当用户位于寻呼接收机的非归属寻呼区内时，≤10 秒（考虑采用 1 号信令）。系统响应时延指主叫用户发出消息的最后字符至其接收到寻呼系统接受或不接受该消息的证实之间的时间间隔。

4.3.2　系统接通率≥95%（适用于人工台和自动台）。

系统接通率是主叫用户通过市话接入到寻呼系统（包括入中继）得到有效处理与总呼叫次数之比。其呼损部分主要包括市话呼损和寻呼系统的中继呼损。

4.3.3　消息传输时延。

一级 <60 秒，本地呼叫且消息长度不大于 400 字符。

二级 <90 秒，本地呼叫。

<7 分钟，异地呼叫。

<7 分钟，跟踪呼叫。

<10 分钟，漫游呼叫。

消息传输时延指寻呼系统发给主叫用户寻呼证实消息至该消息传送到指定的寻呼区的时间间隔，对于不同的寻呼优先权级别不同。

4.3.4　无线呼通率>95%。

无线呼通率为在无线覆盖区内寻呼接收机呼叫成功的次数与全部呼叫次数之比。

4.4　数据通信质量指标。

4.4.1　分组交换数据业务。

4.4.1.1　呼叫建立时延如表1所示（暂定）。

虚连接的呼叫建立时延是指一个用户自发送“呼叫请求”分组之后至从网络接收到“呼叫连接”分组之间所经过的时延，表1给出呼叫建立时延的统计参考值。表中X值如表2所示。

表1

统计值	国内（ms）		国际通信国内部分（ms）		国际（ms）	
	A类型	B类型	A类型	B类型	A类型	B类型
平均	2000+2X	2600+2X	1000+X	1600+X	250	1600
95%概率值	2700+2X	3100+2X	1500+X	2100+X	250	1800

注：

1. 95%概率值意味着有95%的呼叫建立延迟值低于该值。

2. 国内A连接类型的特性是陆地连接；

国内B连接类型的特性是具有一跳卫星电路的连接，或者经过一个或多个国内转接网络段的连接。

国际A连接类型的特性是经过一个直接陆地网间电路的连接。

国际B连接类型的特性是经过两跳卫星电路和一个转接网络段，或一跳卫星电路和多个转接网络段的连接。

3. X－400/R，R为数据信号传送速度，以kbit/s计。

4. 表中数据以下列条件为基础

基本呼叫，未使用ITU－T建议X.25规定的任何任选用户设施，而且没有发送任何呼叫用户数据；

在规定的连接部分外的实体的数据链路层窗口是开放的，流量不受控制；

传送每个呼叫建立分组通过电路段要涉及传输25八位组。

表 2

R（kbit/s）	X（ms）
2.4	167
4.8	84
9.6	42
48.0	9
64.0	7

4.4.1.2　数据分组传输时延如表 3 所示。

数据分组传输时延是指从一个分组的最后一个比特进入网络的源节点开始，到该分组的第一比特离开终点节点的时间，表 3 给出分组传输时延的统计参考值，表中 Y 值如表 4 所示。

表 3

统计值	国内（ms）		国际通信国内部分（ms）		国际（ms）	
	A 类型	B 类型	A 类型	B 类型	A 类型	B 类型
平均	700 +2Y	1000 +2Y	350 + Y	650 + Y	215	950
95% 概率值	950 +2Y	1250 +2Y	525 + Y	825 + Y	215	1125

注：

1. 平均值是预期的数据分组传送时延分布值，不包括超过规定的最大数据传送延迟的数值，95% 概率值意味着有 95% 的数据分组传送延迟值低于该值。

2. A 和 B 虚连接类型与表 1 相同。

3. 表中数据以下列条件为基础：

用户数据字段的长度为 128 个八位组，传送一个数据分组，接入电路段要传输 136 个八位组；

在规定的连接部分的接收 DTE 侧的数据链路和分组层的窗口是开放的。

表4

R（Kbit/s）	Y（ms）
2.4	453
4.8	227
9.6	113
48.0	23
64.0	20

注：R为数据信号传送速率，以kbit/s计。

4.4.1.3　虚连接的吞吐量如表5所示。

虚连接的吞吐量是单位时间内，在一个方向上，通过一个连接段成功传送（不包括丢失、额外增加和比特差错）用户数据的比特数，表5给出虚连接吞吐量的统计参考值。

表5

统计值	国内（bit/s）		国际（bit/s）	
	A类型	B类型	A类型	B类型
平均	3500	2400	2000	2000
95%概率值	2400	2000	1800	1800

注：①平均值是预期的吞吐量分布值。95%概率值意味着95%的吞吐量测量值高于该值。

②A、B连接类型与表1相同。

③表中数据以下列条件为基础：

接入电路段中无其他业务量，接入电路段使用9600bit/s传输速率；

用户数据字段长度为128个八位组，请求的吞吐量等级相当；

接入电路段的分组窗口大小为2，数据链路层的窗口大小为7；

不使用D比特，D－D；

这些数值可用于任何传送方向；

在测量期间不存在不可用性，设备复原或过早断开；

吞吐量的取样值为200个分组或2分钟。

4.4.1.4 来去呼叫接通率≥95%。

来去呼叫接通率指呼叫接通总数与呼叫总数的百分比（不考虑被叫终端未开机）。

4.4.1.5 网络的可用性为99.99%（暂定）。

网络的可用性是指端到端全网能提供无故障服务的时间占运行时间的百分比。

4.4.1.6 计费差错率≤10－5（暂定）。

计费差错率指出现计费差错的概率。

4.4.2 帧中继业务。

4.4.2.1 帧传输时延（FTD）待定。

帧传输时延是指用户终端之间通过帧中继网传送信息所需时间。

计算式：FTD＝t2－t1

其中，t1为帧地址字段的第1比特从用户终端进入网络的时间。t2为帧的尾标的最后一个比特从网络进入用户终端的时间。

4.4.2.2 帧丢失率（FLR）：待定。

帧丢失率是指丢失的用户信息帧占所有发送帧的比率。

计算式：

$$FLR = \frac{F_L}{F_L + F_S + F_E}$$

其中，FL为丢失的用户信息帧总数；FS为成功传送的帧总数；FE为残余错误帧总数。

帧丢失率按照用户信息传送速率是否超过约定的信息速率（CIR），分为超过的帧丢失率（FLRE）和约定的帧丢失率（FLRC）两种。

4.4.2.3 残余错帧率（RFER）待定。

CRC校验正确，但接收到的用户信息字段内有一个或几个比特错误的帧为残余错帧。

残余错帧率是指残余错帧占所有接收帧的比率。

计算式：

$$RFER = \frac{F_E}{F_E + F_S}$$

其中，FE 为接收的残余错帧总数；FS 为成功接收帧的总数。

4.4.2.4　网络可用性：为 99.99%（暂定）。

网络的可用性是指端到端全网能提供无故障服务的时间占运行时间的百分比。

4.4.3　数字数据业务（DDN）。

4.4.3.1　端到端数据传输比特差错率。

（1）国际电路连接。传输比特差错率≤1 * 10 -6。国际电路连接是指用户/网络接口和 DDN 国际节点/国际电路接口之间的用户数据传输通路。

（2）国内电路连接。传输比特差错率≤1 * 10 -6。国内电路连接是指在用户/网络接口之间的用户数据传输通路。

4.4.3.2　端到端数据传输时间。

（1）对 64kbit/s 的专用电路≤40ms。

（2）对 2Mbit/s 的专用电路待定。

（3）若在上述（1）和（2）中每加入一跳卫星电路，需在上列值中另加传输时间 300ms。端到端 DDN 数据传输时间是指端到端单方向的数据传输时间。

4.4.3.3　网络可用性为 99.99%（暂定）。

网络的可用性是指端到端全网能提供无故障服务的时间占运行时间的百分比。

4.4.4　因特网接入业务。

4.4.4.1　接入服务器忙时接通率≥90%（暂定）。

忙时接通率指接入服务器忙时接通次数与忙时拨号总次数之比。

4.4.4.2　本地用户接入认证平均响应时间≤15 秒。

本地用户接入认证平均响应时间是从用户提交完账号和口令起，到接入服务器完成认证返回响应止的时间。

4.4.4.3 接入服务器认证成功率≥99.9%（暂定）。

接入服务器认证成功率是在用户输入账号、口令无误情况下的认证成功率。

4.5 租用电路通信质量指标。

4.5.1 话音频带租用电路。

音频租用电路适用于电话及非电话业务（如数据传输）。

对用于非电话业务其性能如下：

标称总衰减、衰减失真、群时延失真、总衰减随时间变化、随机噪声、脉冲噪声、相位抖动、总失真、单音干扰、频率偏差、谐波和交调失真。

根据租用者对带宽的不同要求分别达到国标 GB11053“特定带宽特殊质量租用电路特性”或 GB11054“基本带宽特殊质量租用电路特性”。

用于电话业务的租用电路的性能应达到“4.1 固定电话通信质量指标”中规定的传输特性。

4.5.2 数字数据网租用通道见 4.4.3 数字数据网通信质量指标。

4.5.3 同步数字租用电路。

同步数字租用电路（可向用户提供 2Mbit/s 直至 2.5Gbit/s 的速率）是由网络终端设备（NTE）间的 SDH 传输路径所组成。网络终端设备可以是简单的连接器或很复杂的设备。租用电路可以由多于一个网络运营者提供的电路段组成。由一个服务提供者负责，它与各网络运营者协商分配通道和划分责任段落。下图给出了数字租用电路和端到端数字通道的组成。

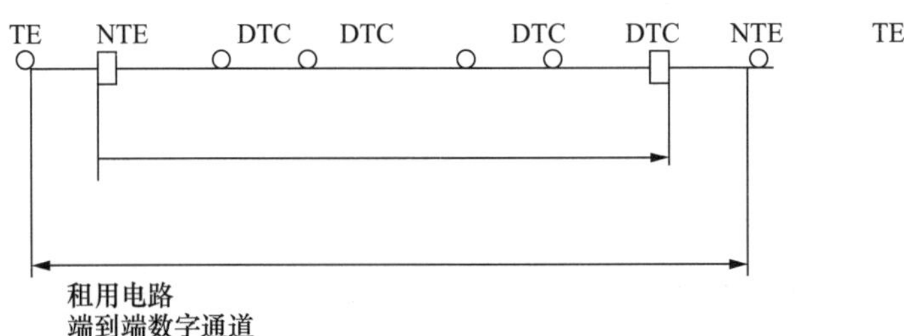

TE 终端设备 NTE 网络终端设备

DTC 数字传输中心

数字租用电路的网络性能主要包括差错性能，时延性能，可用性性能，定时和网络同步。

4.5.3.1 差错性能应达到原邮电部标 YDN－026“SDH 数字通道和复用段的投入业务和维护性能限值" 中的相应规定。租用电路是一个实际数字通道，一个通道由多个通道段组成时，各段配额的总和不应超过该通道的配额。

4.5.3.2 时延性能。租用电路的传输时间应不大于（10＋0.01G）ms（暂定）。G 为非卫星连接距离的公里数，卫星连接应小于 350ms。

4.5.3.3 可用性性能。应可根据用户要求，采用不同的保护或恢复机制来提供不同程度的可用性性能，其性能与费用有关。

4.5.3.4 定时和网络同步。若租用电路由多个运营者提供，可由服务提供者与各运营者商定主钟源或供给合适的缓存，以考虑定时差。租用电路的定时通常由支持它的 SDH 网导出，而不使用用户设备的定时，用户设备由网络时钟激励。

4.5.4 64kbit/s 租用电路。性能应达到行标 YD－748“PDH 通道、段和传输系统的投入业务和维护性能限值”中的相应规定。64kbit/s 租用电路是一个 64kbit/s 的数字通道。

附录二 电信服务质量监督管理暂行办法（2014年修正）

（2001年1月11日中华人民共和国信息产业部令第6号公布根据2014年9月23日中华人民共和国工业和信息化部令第28号公布的《工业和信息化部关于废止和修改部分规章的决定》修正）

第一条 为了促进我国电信事业健康、有序、快速地发展，维护电信用户的合法权益，加强对电信业务经营者服务质量的监督管理，根据《中华人民共和国电信条例》及有关法律、行政法规的规定，制定本办法。

第二条 本办法适用于中华人民共和国境内所有获得经营许可的电信业务经营者。

第三条 工业和信息化部根据国家有关法律、行政法规对电信业务经营者提供的电信服务质量进行监督管理。

省、自治区、直辖市通信管理局负责对电信业务经营者在本行政区域提供的电信服务质量进行监督管理。（工业和信息化部，省、自治区、直辖市通信管理局以下统称电信管理机构）

第四条 电信服务质量监督管理工作遵循公平、公正、公开的原则，实行政府监管、企业自律、社会监督相结合的机制。

第五条 电信服务质量监督管理的任务是对电信业务经营者提供的电信服务质量实施管理和监督检查；监督电信服务标准的执行情况；依法对侵犯用户合法利益的行为进行处罚；总结和推广先进、科学的电信服务质量管理经验。

第六条 电信管理机构服务质量监督的职责。

（一）制定颁布电信服务质量有关标准、管理办法并监督实施；

（二）组织用户对电信服务质量进行评价，实时掌握服务动态；

（三）纠正和查处电信服务中的质量问题，并对处理决定的执行情况进行监督，实施对违规电信业务经营者的处罚，对重大的质量事故进行调查、了解，并向社会公布重大服务质量事件的处理过程和结果；

（四）表彰和鼓励电信服务工作中用户满意的先进典型；

（五）对电信业务经营者执行资费政策标准情况、格式条款内容进行监督；

（六）负责组织对有关服务质量事件的调查和争议的调解。

第七条　电信管理机构工作人员在监督检查服务质量和处理用户申诉案件时，可以行使下列职权：

（一）询问被检查的单位及相关人员，并要求提供相关材料；

（二）有权进入被检查的工作场所，查询、复印有关单据、文件、记录和其他资料，暂时封存有关原始记录。

电信管理机构工作人员实施监督检查过程中，应出示有效证件，并由两名或两名以上工作人员共同进行。

第八条　电信管理机构不定期组织对电信业务经营者的服务质量进行抽查，并向社会公布有关抽查结果。

第九条　电信管理机构将用户满意度指数作为对电信业务经营者服务质量评价的核心指标，组织进行电信服务质量的用户满意度评价活动。鼓励电信业务经营者建立科学的用户满意度评价体系。

第十条　电信管理机构定期向社会公布电信服务质量状况和用户满意度指数。

第十一条　电信管理机构可以依靠全国电信用户委员会以及社会舆论等，沟通与广大用户的联系，听取用户的意见与建议，充分发挥用户的监督作用。

电信用户申诉受理中心应当定期通报受理用户申诉和统计分析情况。

第十二条　电信用户有对电信业务经营者的服务质量及保护用户权益工作进行监督的权利，有权向电信业务经营者及电信管理机构提出改善电信服务的意见和建议，有权检举、控告损害用户权益的行为及有关工作人员在监督检查工作中的违法失职行为。

第十三条　电信管理机构有权要求并督促电信业务经营者采取有效措施，保证所提供的服务质量得以持续改进。

第十四条　电信业务经营者应当按规定向电信用户申诉受理中心交纳服务质量保证金。

第十五条　电信业务经营者制定和使用格式条款应当符合国家有关法律、行政法规的规定，全面、准确地界定经营者与用户间的权利和义务，并采取合理的方式提请用户注意免除或限制电信业务经营者责任的条款，按照对方的要求，对该条款予以说明。根据业务发展情况，应及时规范和调整格式条款的有关内容。

第十六条　电信业务经营者应对外公布投诉电话，配备受理用户投诉的人员；对用户投诉应在规定的时限内予以答复，不得互相推诿；对电信管理机构督办的事宜，应在规定的时限内将处理结果或处理过程向其报告；对用户提出的改善电信服务的意见和建议要认真研究，主动沟通。

第十七条　用户要求查询通信费用时，在计费原始数据保存期限内，电信业务经营者应提供查询方便，做好解释工作。在与用户发生争议、尚未解决的情况下，电信业务经营者应负责保存相关原始资料。

计费原始数据保存期限为 5 个月。

第十八条　电信业务经营者应定期对照电信服务标准进行自查。跨省经营的电信业务经营者将自查情况每半年向工业和信息化部报告，其分支经营单位及取得省内经营电信业务许可证的经营者将自查情况每半年向本省（自治区、直辖市）通信管理局报告。

第十九条　代办电信业务单位（或个人）的服务质量，由委托的电信业务经营者负责，并负责管理和监督检查。

第二十条　电信业务经营者必须配合电信管理机构的检查或调查工作，如实提供有关资料和情况，不得干扰检查或调查活动。

第二十一条　对电信业务经营者违反电信服务标准，并损害用户合法权益的行为，由电信管理机构发出限期整改书；对逾期不改者，视情节轻重给予警告或者处以500元以上、10000元以下罚款。

第二十二条　电信业务经营者妨碍电信管理机构进行监督检查和调查工作或提供虚假资料的，责令改正并予以警告，逾期不改的，处以10000元以下罚款。

第二十三条　电信业务经营者不能按期、如实向电信管理机构报告服务质量自查情况的，给予警告。

第二十四条　电信业务经营者对行政处罚决定不服的，可以向其上一级机关申请复议，对复议决定不服的，可以向人民法院提起诉讼；也可以直接向人民法院提起诉讼。

第二十五条　电信管理机构工作人员对调查所得资料中涉及当事人隐私、商业秘密等事项有保密义务。

第二十六条　电信管理机构工作人员滥用职权、玩忽职守或包庇电信业务经营者侵害用户合法权益的，由其所在部门或上级机关给予行政处分；情节严重，构成犯罪的，依法追究刑事责任。

第二十七条　本办法自发布之日起施行。

附录三　中华人民共和国反垄断法

中华人民共和国主席令第68号

《中华人民共和国反垄断法》已由中华人民共和国第十届全国人民代表大会常务委员会第二十九次会议于2007年8月30日通过，现予公布，自2008年8月1日起施行。

中华人民共和国主席　胡锦涛

二〇〇七年八月三十日

中华人民共和国反垄断法

（2007年8月30日第十届全国人民代表大会常务委员会第二十九次会议通过）

第一章　总则

第一条　为了预防和制止垄断行为，保护市场公平竞争，提高经济运行效率，维护消费者利益和社会公共利益，促进社会主义市场经济健康发展，制定本法。

第二条　中华人民共和国境内经济活动中的垄断行为，适用本法；中华人民共和国境外的垄断行为，对境内市场竞争产生排除、限制影响的，适用本法。

第三条　本法规定的垄断行为包括：

（一）经营者达成垄断协议；

（二）经营者滥用市场支配地位；

（三）具有或者可能具有排除、限制竞争效果的经营者集中。

第四条　国家制定和实施与社会主义市场经济相适应的竞争规则，完善宏观调控，健全统一、开放、竞争、有序的市场体系。

第五条　经营者可以通过公平竞争、自愿联合，依法实施集中，扩大经营规模，提高市场竞争能力。

第六条　具有市场支配地位的经营者，不得滥用市场支配地位，排除、限制竞争。

第七条　国有经济占控制地位的关系国民经济命脉和国家安全的行业以及依法实行专营专卖的行业，国家对其经营者的合法经营活动予以保护，并对经营者的经营行为及其商品和服务的价格依法实施监管和调控，维护消费者利益，促进技术进步。

前款规定行业的经营者应当依法经营，诚实守信，严格自律，接受社会公众的监督，不得利用其控制地位或者专营专卖地位损害消费者利益。

第八条　行政机关和法律、法规授权的具有管理公共事务职能的组织不得滥用行政权力，排除、限制竞争。

第九条　国务院设立反垄断委员会，负责组织、协调、指导反垄断工作，履行下列职责：

（一）研究拟订有关竞争政策；

（二）组织调查、评估市场总体竞争状况，发布评估报告；

（三）制定、发布反垄断指南；

（四）协调反垄断行政执法工作；

（五）国务院规定的其他职责。

国务院反垄断委员会的组成和工作规则由国务院规定。

第十条　国务院规定的承担反垄断执法职责的机构（以下统称国务院反垄断执法机构）依照本法规定，负责反垄断执法工作。

国务院反垄断执法机构根据工作需要，可以授权省、自治区、直辖市人民政府相应的机构，依照本法规定负责有关反垄断执法工作。

第十一条　行业协会应当加强行业自律，引导本行业的经营者依法竞争，维护市场竞争秩序。

第十二条　本法所称经营者，是指从事商品生产、经营或者提供服务的自然人、法人和其他组织。

本法所称相关市场，是指经营者在一定时期内就特定商品或者服务（以下统称商品）进行竞争的商品范围和地域范围。

第二章　垄断协议

第十三条　禁止具有竞争关系的经营者达成下列垄断协议：

（一）固定或者变更商品价格；

（二）限制商品的生产数量或者销售数量；

（三）分割销售市场或者原材料采购市场；

（四）限制购买新技术、新设备或者限制开发新技术、新产品；

（五）联合抵制交易；

（六）国务院反垄断执法机构认定的其他垄断协议。

本法所称垄断协议，是指排除、限制竞争的协议、决定或者其他协同行为。

第十四条　禁止经营者与交易相对人达成下列垄断协议：

（一）固定向第三人转售商品的价格；

（二）限定向第三人转售商品的最低价格；

（三）国务院反垄断执法机构认定的其他垄断协议。

第十五条　经营者能够证明所达成的协议属于下列情形之一的，不适用本法第十三条、第十四条的规定：

（一）为改进技术、研究开发新产品的；

（二）为提高产品质量、降低成本、增进效率，统一产品规格、标准或者实行专业化分工的；

（三）为提高中小经营者经营效率，增强中小经营者竞争力的；

（四）为实现节约能源、保护环境、救灾救助等社会公共利益的；

（五）因经济不景气，为缓解销售量严重下降或者生产明显过剩的；

（六）为保障对外贸易和对外经济合作中的正当利益的；

（七）法律和国务院规定的其他情形。

属于前款第一项至第五项情形，不适用本法第十三条、第十四条规定的，经营者还应当证明所达成的协议不会严重限制相关市场的竞争，并且能够使消费者分享由此产生的利益。

第十六条　行业协会不得组织本行业的经营者从事本章禁止的垄断行为。

第三章　滥用市场支配地位

第十七条　禁止具有市场支配地位的经营者从事下列滥用市场支配地位的行为：

（一）以不公平的高价销售商品或者以不公平的低价购买商品；

（二）没有正当理由，以低于成本的价格销售商品；

（三）没有正当理由，拒绝与交易相对人进行交易；

（四）没有正当理由，限定交易相对人只能与其进行交易或者只能与其指定的经营者进行交易；

（五）没有正当理由搭售商品，或者在交易时附加其他不合理的交易条件；

（六）没有正当理由，对条件相同的交易相对人在交易价格等交易条件上实行差别待遇；

（七）国务院反垄断执法机构认定的其他滥用市场支配地位的行为。

本法所称市场支配地位，是指经营者在相关市场内具有能够控制商品价格、数量或者其他交易条件，或者能够阻碍、影响其他经营者进入相关市场能力的市场地位。

第十八条　认定经营者具有市场支配地位，应当依据下列因素：

（一）该经营者在相关市场的市场份额，以及相关市场的竞争状况；

（二）该经营者控制销售市场或者原材料采购市场的能力；

（三）该经营者的财力和技术条件；

（四）其他经营者对该经营者在交易上的依赖程度；

（五）其他经营者进入相关市场的难易程度；

（六）与认定该经营者市场支配地位有关的其他因素。

第十九条　有下列情形之一的，可以推定经营者具有市场支配地位：

（一）一个经营者在相关市场的市场份额达到二分之一的；

（二）两个经营者在相关市场的市场份额合计达到三分之二的；

（三）三个经营者在相关市场的市场份额合计达到四分之三的。

有前款第二项、第三项规定的情形，其中有的经营者市场份额不足十分之一的，不应当推定该经营者具有市场支配地位。

被推定具有市场支配地位的经营者，有证据证明不具有市场支配地位的，不应当认定其具有市场支配地位。

第四章　经营者集中

第二十条　经营者集中是指下列情形：

（一）经营者合并；

（二）经营者通过取得股权或者资产的方式取得对其他经营者的控制权；

（三）经营者通过合同等方式取得对其他经营者的控制权或者能够对其他经营者施加决定性影响。

第二十一条　经营者集中达到国务院规定的申报标准的，经营者应当事先向国务院反垄断执法机构申报，未申报的不得实施集中。

第二十二条　经营者集中有下列情形之一的，可以不向国务院反垄断执法机构申报：

（一）参与集中的一个经营者拥有其他每个经营者百分之五十以上有表决权的股份或者资产的；

（二）参与集中的每个经营者百分之五十以上有表决权的股份或者资产被同一个未参与集中的经营者拥有的。

第二十三条　经营者向国务院反垄断执法机构申报集中，应当提交下列文件、资料：

（一）申报书；

（二）集中对相关市场竞争状况影响的说明；

（三）集中协议；

（四）参与集中的经营者经会计师事务所审计的上一会计年度财务会计报告；

（五）国务院反垄断执法机构规定的其他文件、资料。

申报书应当载明参与集中的经营者的名称、住所、经营范围、预定实施集中的日期和国务院反垄断执法机构规定的其他事项。

第二十四条　经营者提交的文件、资料不完备的，应当在国务院反垄断执法机构规定的期限内补交文件、资料。经营者逾期未补交文件、资料的，视为未申报。

第二十五条　国务院反垄断执法机构应当自收到经营者提交的符合本法第二十三条规定的文件、资料之日起三十日内，对申报的经营者集中进行初步审查，作出是否实施进一步审查的决定，并书面通知经营者。国务院反垄断执法机构作出决定前，经营者不得实施集中。

国务院反垄断执法机构作出不实施进一步审查的决定或者逾期未作出决定的，经营者可以实施集中。

第二十六条　国务院反垄断执法机构决定实施进一步审查的，应当自决定之日起九十日内审查完毕，作出是否禁止经营者集中的决定，并书面通知经营者。作出禁止经营者集中的决定，应当说明理由。审查期间，经营者不得实施集中。

有下列情形之一的，国务院反垄断执法机构经书面通知经营者，可以延长前款规定的审查期限，但最长不得超过六十日：

（一）经营者同意延长审查期限的；

（二）经营者提交的文件、资料不准确，需要进一步核实的；

（三）经营者申报后有关情况发生重大变化的。

国务院反垄断执法机构逾期未作出决定的，经营者可以实施集中。

第二十七条　审查经营者集中，应当考虑下列因素：

（一）参与集中的经营者在相关市场的市场份额及其对市场的控制力；

（二）相关市场的市场集中度；

（三）经营者集中对市场进入、技术进步的影响；

（四）经营者集中对消费者和其他有关经营者的影响；

（五）经营者集中对国民经济发展的影响；

（六）国务院反垄断执法机构认为应当考虑的影响市场竞争的其他因素。

第二十八条　经营者集中具有或者可能具有排除、限制竞争效果的，国务院反垄断执法机构应当作出禁止经营者集中的决定。但是，经营者能够证明该集中对竞争产生的有利影响明显大于不利影响，或者符合社会公共利益的，国务院反垄断执法机构可以作出对经营者集中不予禁止的决定。

第二十九条　对不予禁止的经营者集中，国务院反垄断执法机构可以决定附加减少集中对竞争产生不利影响的限制性条件。

第三十条　国务院反垄断执法机构应当将禁止经营者集中的决定或者对经营者集中附加限制性条件的决定，及时向社会公布。

第三十一条　对外资并购境内企业或者以其他方式参与经营者集中，涉及国家安全的，除依照本法规定进行经营者集中审查外，还应当按照国家有关规定进行国家安全审查。

第五章　滥用行政权力排除、限制竞争

第三十二条　行政机关和法律、法规授权的具有管理公共事务职能的组织不得滥用行政权力，限定或者变相限定单位或者个人经营、购买、使用其指定的经营者提供的商品。

第三十三条　行政机关和法律、法规授权的具有管理公共事务职能的组织不得滥用行政权力，实施下列行为，妨碍商品在地区之间的自由流通：

（一）对外地商品设定歧视性收费项目、实行歧视性收费标准，或者规定歧视性价格；

（二）对外地商品规定与本地同类商品不同的技术要求、检验标准，或者对外地商品采取重复检验、重复认证等歧视性技术措施，限制外地商品进入本地市场；

（三）采取专门针对外地商品的行政许可，限制外地商品进入本地市场；

（四）设置关卡或者采取其他手段，阻碍外地商品进入或者本地商品运出；

（五）妨碍商品在地区之间自由流通的其他行为。

第三十四条　行政机关和法律、法规授权的具有管理公共事务职能的组织不得滥用行政权力，以设定歧视性资质要求、评审标准或者不依法发布信息等方式，排斥或者限制外地经营者参加本地的招标投标活动。

第三十五条　行政机关和法律、法规授权的具有管理公共事务职能的组织不得滥用行政权力，采取与本地经营者不平等待遇等方式，排斥或者限制外地经营者在本地投资或者设立分支机构。

第三十六条　行政机关和法律、法规授权的具有管理公共事务职能的组织不得滥用行政权力，强制经营者从事本法规定的垄断行为。

第三十七条　行政机关不得滥用行政权力，制定含有排除、限制竞争内容的规定。

第六章　对涉嫌垄断行为的调查

第三十八条　反垄断执法机构依法对涉嫌垄断行为进行调查。

对涉嫌垄断行为，任何单位和个人有权向反垄断执法机构举报。反垄断执法机构应当为举报人保密。

举报采用书面形式并提供相关事实和证据的，反垄断执法机构应当进行必要的调查。

第三十九条　反垄断执法机构调查涉嫌垄断行为，可以采取下列措施：

（一）进入被调查的经营者的营业场所或者其他有关场所进行检查；

（二）询问被调查的经营者、利害关系人或者其他有关单位或者个人，要求其说明有关情况；

（三）查阅、复制被调查的经营者、利害关系人或者其他有关单位或者个人的有关单证、协议、会计账簿、业务函电、电子数据等文件、资料；

（四）查封、扣押相关证据；

（五）查询经营者的银行账户。

采取前款规定的措施，应当向反垄断执法机构主要负责人书面报告，并经批准。

第四十条 反垄断执法机构调查涉嫌垄断行为，执法人员不得少于二人，并应当出示执法证件。

执法人员进行询问和调查，应当制作笔录，并由被询问人或者被调查人签字。

第四十一条 反垄断执法机构及其工作人员对执法过程中知悉的商业秘密负有保密义务。

第四十二条 被调查的经营者、利害关系人或者其他有关单位或者个人应当配合反垄断执法机构依法履行职责，不得拒绝、阻碍反垄断执法机构的调查。

第四十三条 被调查的经营者、利害关系人有权陈述意见。反垄断执法机构应当对被调查的经营者、利害关系人提出的事实、理由和证据进行核实。

第四十四条 反垄断执法机构对涉嫌垄断行为调查核实后，认为构成垄断行为的，应当依法作出处理决定，并可以向社会公布。

第四十五条 对反垄断执法机构调查的涉嫌垄断行为，被调查的经营者承诺在反垄断执法机构认可的期限内采取具体措施消除该行为后果的，反垄断执法机构可以决定中止调查。中止调查的决定应当载明被调查的经营者承诺的具体内容。

反垄断执法机构决定中止调查的，应当对经营者履行承诺的情况进行监督。经营者履行承诺的，反垄断执法机构可以决定终止调查。

有下列情形之一的，反垄断执法机构应当恢复调查：

（一）经营者未履行承诺的；

（二）作出中止调查决定所依据的事实发生重大变化的；

（三）中止调查的决定是基于经营者提供的不完整或者不真实的信息作出的。

第七章　法律责任

第四十六条　经营者违反本法规定，达成并实施垄断协议的，由反垄断执法机构责令停止违法行为，没收违法所得，并处上一年度销售额百分之一以上百分之十以下的罚款；尚未实施所达成的垄断协议的，可以处五十万元以下的罚款。

经营者主动向反垄断执法机构报告达成垄断协议的有关情况并提供重要证据的，反垄断执法机构可以酌情减轻或者免除对该经营者的处罚。

行业协会违反本法规定，组织本行业的经营者达成垄断协议的，反垄断执法机构可以处五十万元以下的罚款；情节严重的，社会团体登记管理机关可以依法撤销登记。

第四十七条　经营者违反本法规定，滥用市场支配地位的，由反垄断执法机构责令停止违法行为，没收违法所得，并处上一年度销售额百分之一以上百分之十以下的罚款。

第四十八条　经营者违反本法规定实施集中的，由国务院反垄断执法机构责令停止实施集中、限期处分股份或者资产、限期转让营业以及采取其他必要措施恢复到集中前的状态，可以处五十万元以下的罚款。

第四十九条　对本法第四十六条、第四十七条、第四十八条规定的罚款，反垄断执法机构确定具体罚款数额时，应当考虑违法行为的性质、程度和持续的时间等因素。

第五十条　经营者实施垄断行为，给他人造成损失的，依法承担民事责任。

第五十一条　行政机关和法律、法规授权的具有管理公共事务职能的组织滥用行政权力，实施排除、限制竞争行为的，由上级机关责令改正；对直接负责的主管人员和其他直接责任人员依法给予处分。反垄断执法机构可以向有关上级机关提出依法处理的建议。

法律、行政法规对行政机关和法律、法规授权的具有管理公共事务职能的组织滥用行政权力实施排除、限制竞争行为的处理另有规定的，依照其规定。

第五十二条　对反垄断执法机构依法实施的审查和调查，拒绝提供有关材料、信息，或者提供虚假材料、信息，或者隐匿、销毁、转移证据，或者有其他拒绝、阻碍调查行为的，由反垄断执法机构责令改正，对个人可以处二万元以下的罚款，对单位可以处二十万元以下的罚款；情节严重的，对个人处二万元以上十万元以下的罚款，对单位处二十万元以上一百万元以下的罚款；构成犯罪的，依法追究刑事责任。

第五十三条　对反垄断执法机构依据本法第二十八条、第二十九条作出的决定不服的，可以先依法申请行政复议；对行政复议决定不服的，可以依法提起行政诉讼。

对反垄断执法机构作出的前款规定以外的决定不服的，可以依法申请行政复议或者提起行政诉讼。

第五十四条　反垄断执法机构工作人员滥用职权、玩忽职守、徇私舞弊或者泄露执法过程中知悉的商业秘密，构成犯罪的，依法追究刑事责任；尚不构成犯罪的，依法给予处分。

第八章　附则

第五十五条　经营者依照有关知识产权的法律、行政法规规定行使知识产权的行为，不适用本法；但是，经营者滥用知识产权，排除、限制竞争的行为，适用本法。

第五十六条　农业生产者及农村经济组织在农产品生产、加工、销售、运输、储存等经营活动中实施的联合或者协同行为，不适用本法。

第五十七条　本法自2008年8月1日起施行。

附录四　信息产业部关于调整《电信业务分类目录》的通告

为适应电信业务发展，根据《中华人民共和国电信条例》（以下简称《电信条例》）的规定，我部对《电信条例》所附《电信业务分类目录》进行了局部调整。现将调整后的《电信业务分类目录》通告如下，请遵照执行。

附件：电信业务分类目录

信息产业部

二〇〇一年六月十一日

附件

电信业务分类目录

一、基础电信业务

（一）固定网国内长途及本地电话业务

1. 固定网国内长途电话业务

2. 固定网本地电话业务

（二）移动通信业务

1. 模拟移动通信业务

（1）大区制无线电移动通信业务。

（2）模拟集群通信业务。

（3）模拟蜂窝移动通信业务。

2. 数字集群通信业务

3. 第二代数字蜂窝移动通信业务

（1）TDMA（GSM）数字蜂窝移动通信业务。

（2）CDMA 数字蜂窝移动通信业务。

4. 第三代数字蜂窝移动通信业务

（三）卫星通信业务

1. 卫星移动通信业务

2. 卫星转发器出租、出售业务

3. 卫星固定通信业务

4. 甚小地球站（VSAT）通信业务

（四）因特网及其他数据传送业务

1. 因特网骨干网数据传送业务

2. 其他数据网传送业务

（1）X. 25 数据传送业务。

（2）DDN 数据传送业务。

（3）ATM 数据传送业务。

（4）帧中继数据传送业务。

3. 公众电报和用户电报业务

4. 无线数据传送业务

（五）网络元素出租、出售业务

1. 带宽、光通信波长的出租、出售业务

2. 电缆、光纤、光缆的出租、出售业务

3. 通信管孔的出租、出售业务

（六）网络接入及网络托管业务

1. 网络接入业务

（1）有线接入。

（2）无线接入。

2. 网络托管业务

（七）国际通信基础设施、国际电信业务

1. 国际通信基础设施服务业务

（1）地面国际通信网络带宽、光通信波长、电缆、光纤、光缆及其它网络元素出租、出售业务。

（2）卫星国际专线业务。

2. 国际电信业务

（1）国际长途电话业务。

（2）国际数据通信业务。

（3）国际图像通信业务。

（八）无线寻呼业务

1. 单向无线寻呼业务

2. 双向无线寻呼业务

（九）转售的基础电信业务。

第（二）项业务中的大区制无线电移动通信和模拟集群通信业务，第（三）项业务中的甚小地球站（VSAT）通信业务，以及第（八）项无线寻呼业务和第（九）项转售的基础电信业务比照增值电信业务管理。

二、增值电信业务

（一）固定电话网增值电信业务

1. 电话信息服务业务

2. 呼叫中心服务业务

3. 语音信箱业务

4. 可视电话会议服务业务

（二）移动网增值电信业务

（三）卫星网增值电信业务

（四）因特网增值电信业务

1. 因特网接入服务业务

2. 因特网数据中心业务

3. 因特网信息服务业务

4. 因特网虚拟专用网业务

5. 因特网会议电视、图像服务业务

6. 因特网呼叫中心业务

7. 其他因特网增值电信业务

（五）其他数据传送网络增值电信业务

1. 计算机信息服务业务

2. 电子数据交换业务

3. 语音信箱业务

4. 电子邮件业务

5. 传真存储转发业务

6. 虚拟专用网业务

注：《电信条例》所附《电信业务分类目录》中的“互联网”在本目录中统一改称为“因特网”。

附录五　市政公用事业特许经营管理办法

中华人民共和国建设部令第126号

《市政公用事业特许经营管理办法》已于2004年2月24日经第29次部常务会议讨论通过，现予发布，自2004年5月1日起施行。

部长　汪光焘

二〇〇四年三月十九日

市政公用事业特许经营管理办法

第一条　为了加快推进市政公用事业市场化，规范市政公用事业特许经营活动，加强市场监管，保障社会公共利益和公共安全，促进市政公用事业健康发展，根据国家有关法律、法规，制定本办法。

第二条　本办法所称市政公用事业特许经营，是指政府按照有关法律、法规规定，通过市场竞争机制选择市政公用事业投资者或者经营者，明确其在一定期限和范围内经营某项市政公用事业产品或者提供某项服务的制度。

城市供水、供气、供热、公共交通、污水处理、垃圾处理等行业，依法实施特许经营的，适用本办法。

第三条　实施特许经营的项目由省、自治区、直辖市通过法定形式和程序确定。

第四条　国务院建设主管部门负责全国市政公用事业特许经营活动的指导和监督工作。

省、自治区人民政府建设主管部门负责本行政区域内的市政公用事业特许经营活动的指导和监督工作。

直辖市、市、县人民政府市政公用事业主管部门依据人民政府的授权（以下简称主管部门），负责本行政区域内的市政公用事业特许经营的具体实施。

第五条　实施市政公用事业特许经营，应当遵循公开、公平、公正和公共利益优先的原则。

第六条　实施市政公用事业特许经营，应当坚持合理布局，有效配置资源的原则，鼓励跨行政区域的市政公用基础设施共享。

跨行政区域的市政公用基础设施特许经营，应当本着有关各方平等协商的原则，共同加强监管。

第七条　参与特许经营权竞标者应当具备以下条件：

（一）依法注册的企业法人；

（二）有相应的注册资本金和设施、设备；

（三）有良好的银行资信、财务状况及相应的偿债能力；

（四）有相应的从业经历和良好的业绩；

（五）有相应数量的技术、财务、经营等关键岗位人员；

（六）有切实可行的经营方案；

（七）地方性法规、规章规定的其他条件。

第八条　主管部门应当依照下列程序选择投资者或者经营者：

（一）提出市政公用事业特许经营项目，报直辖市、市、县人民政府批准后，向社会公开发布招标条件，受理投标；

（二）根据招标条件，对特许经营权的投标人进行资格审查和方案预审，推荐出符合条件的投标候选人；

（三）组织评审委员会依法进行评审，并经过质询和公开答辩，择优选择特许经营权授予对象；

（四）向社会公示中标结果，公示时间不少于20天；

（五）公示期满，对中标者没有异议的，经直辖市、市、县人民政府批准，与中标者（以下简称“获得特许经营权的企业”）签订特许经营协议。

第九条　特许经营协议应当包括以下内容：

（一）特许经营内容、区域、范围及有效期限；

（二）产品和服务标准；

（三）价格和收费的确定方法、标准以及调整程序；

（四）设施的权属与处置；

（五）设施维护和更新改造；

（六）安全管理；

（七）履约担保；

（八）特许经营权的终止和变更；

（九）违约责任；

（十）争议解决方式；

（十一）双方认为应该约定的其他事项。

第十条　主管部门应当履行下列责任：

（一）协助相关部门核算和监控企业成本，提出价格调整意见；

（二）监督获得特许经营权的企业履行法定义务和协议书规定的义务；

（三）对获得特许经营权的企业的经营计划实施情况、产品和服务的质量以及安全生产情况进行监督；

（四）受理公众对获得特许经营权的企业的投诉；

（五）向政府提交年度特许经营监督检查报告；

（六）在危及或者可能危及公共利益、公共安全等紧急情况下，临时接管特许经营项目；

（七）协议约定的其他责任。

第十一条　获得特许经营权的企业应当履行下列责任：

（一）科学合理地制定企业年度生产、供应计划；

（二）按照国家安全生产法规和行业安全生产标准规范，组织企业安全生产；

（三）履行经营协议，为社会提供足量的、符合标准的产品和服务；

（四）接受主管部门对产品和服务质量的监督检查；

（五）按规定的时间将中长期发展规划、年度经营计划、年度报告、董事会决议等报主管部门备案；

（六）加强对生产设施、设备的运行维护和更新改造，确保设施完好；

（七）协议约定的其他责任。

第十二条　特许经营期限应当根据行业特点、规模、经营方式等因素确定，最长不得超过 30 年。

第十三条　获得特许经营权的企业承担政府公益性指令任务造成经济损失的，政府应当给予相应的补偿。

第十四条　在协议有效期限内，若协议的内容确需变更的，协议双方应当在共同协商的基础上签订补充协议。

第十五条　获得特许经营权的企业确需变更名称、地址、法定代表人的，应当提前书面告知主管部门，并经其同意。

第十六条　特许经营期限届满，主管部门应当按照本办法规定的程序组织招标，选择特许经营者。

第十七条　获得特许经营权的企业在协议有效期内单方提出解除协议的，应当提前提出申请，主管部门应当自收到获得特许经营权的企业申请的 3 个月内作出答复。在主管部门同意解除协议前，获得特许经营权的企业必须保证正常的经营与服务。

第十八条　获得特许经营权的企业在特许经营期间有下列行为之一的，主管部门应当依法终止特许经营协议，取消其特许经营权，并可以实施临时接管：

（一）擅自转让、出租特许经营权的；

（二）擅自将所经营的财产进行处置或者抵押的；

（三）因管理不善，发生重大质量、生产安全事故的；

（四）擅自停业、歇业，严重影响到社会公共利益和安全的；

（五）法律、法规禁止的其他行为。

第十九条　特许经营权发生变更或者终止时，主管部门必须采取有效措施保证市政公用产品供应和服务的连续性与稳定性。

第二十条　主管部门应当在特许经营协议签订后30日内，将协议报上一级市政公用事业主管部门备案。

第二十一条　在项目运营的过程中，主管部门应当组织专家对获得特许经营权的企业经营情况进行中期评估。

评估周期一般不得低于两年，特殊情况下可以实施年度评估。

第二十二条　直辖市、市、县人民政府有关部门按照有关法律、法规规定的原则和程序，审定和监管市政公用事业产品和服务价格。

第二十三条　未经直辖市、市、县人民政府批准，获得特许经营权的企业不得擅自停业、歇业。

获得特许经营权的企业擅自停业、歇业的，主管部门应当责令其限期改正，或者依法采取有效措施督促其履行义务。

第二十四条　主管部门实施监督检查，不得妨碍获得特许经营权的企业正常的生产经营活动。

第二十五条　主管部门应当建立特许经营项目的临时接管应急预案。

对获得特许经营权的企业取消特许经营权并实施临时接管的，必须按照有关法律、法规的规定进行，并召开听证会。

第二十六条　社会公众对市政公用事业特许经营享有知情权、建议权。

直辖市、市、县人民政府应当建立社会公众参与机制，保障公众能够对实施特许经营情况进行监督。

第二十七条　国务院建设主管部门应当加强对直辖市市政公用事业主管部门实施特许经营活动的监督检查，省、自治区人民政府建设主管部门应当加强对市、县人民政府市政公用事业主管部门实施特许经营活动的监督检查，及时纠正实施特许经营中的违法行为。

第二十八条　对以欺骗、贿赂等不正当手段获得特许经营权的企业，主管部门应当取消其特许经营权，并向国务院建设主管部门报告，由国务院建设主管部门通过媒体等形式向社会公开披露。被取消特许经营权的企业在三年内不得参与市政公用事业特许经营竞标。

第二十九条　主管部门或者获得特许经营权的企业违反协议的，由过错方承担违约责任，给对方造成损失的，应当承担赔偿责任。

第三十条　主管部门及其工作人员有下列情形之一的，由对其授权的直辖市、市、县人民政府或者监察机关责令改正，对负主要责任的主管人员和其他直接责任人员依法给予行政处分；构成犯罪的，依法追究刑事责任：

（一）不依法履行监督职责或者监督不力，造成严重后果的；

（二）对不符合法定条件的竞标者授予特许经营权的；

（三）滥用职权、徇私舞弊的。

第三十一条　本办法自 2004 年 5 月 1 日起施行。

附录六　中华人民共和国电信条例

（2016 年修订）

（2000 年 9 月 25 日中华人民共和国国务院令第 291 号公布　根据 2014 年 7 月 29 日《国务院关于修改部分行政法规的决定》（国务院令第 653 号）第一次修订　根据 2016 年 2 月 6 日《国务院关于修改部分行政法规的决定》（国务院令第 666 号）第二次修订）

第一章　总则

第一条　为了规范电信市场秩序，维护电信用户和电信业务经营者的合法权益，保障电信网络和信息的安全，促进电信业的健康发展，制定本条例。

第二条　在中华人民共和国境内从事电信活动或者与电信有关的活动，必须遵守本条例。

本条例所称电信，是指利用有线、无线的电磁系统或者光电系统，传送、发射或者接收语音、文字、数据、图像以及其他任何形式信息的活动。

第三条　国务院信息产业主管部门依照本条例的规定对全国电信业实施监督管理。

省、自治区、直辖市电信管理机构在国务院信息产业主管部门的领导下，依照本条例的规定对本行政区域内的电信业实施监督管理。

第四条　电信监督管理遵循政企分开、破除垄断、鼓励竞争、促进发展和公开、公平、公正的原则。

电信业务经营者应当依法经营，遵守商业道德，接受依法实施的监督检查。

第五条　电信业务经营者应当为电信用户提供迅速、准确、安全、方便和价格合理的电信服务。

第六条　电信网络和信息的安全受法律保护。任何组织或者个人不得利用电信网络从事危害国家安全、社会公共利益或者他人合法权益的活动。

第二章　电信市场

第一节　电信业务许可

第七条　国家对电信业务经营按照电信业务分类，实行许可制度。

经营电信业务，必须依照本条例的规定取得国务院信息产业主管部门或者省、自治区、直辖市电信管理机构颁发的电信业务经营许可证。

未取得电信业务经营许可证，任何组织或者个人不得从事电信业务经营活动。

第八条　电信业务分为基础电信业务和增值电信业务。

基础电信业务，是指提供公共网络基础设施、公共数据传送和基本话音通信服务的业务。增值电信业务，是指利用公共网络基础设施提供的电信与信息服务的业务。

电信业务分类的具体划分在本条例所附的《电信业务分类目录》中列出。国务院信息产业主管部门根据实际情况，可以对目录所列电信业务分类项目作局部调整，重新公布。

第九条　经营基础电信业务，须经国务院信息产业主管部门审查批准，取得《基础电信业务经营许可证》。

经营增值电信业务，业务覆盖范围在两个以上省、自治区、直辖市的，须经国务院信息产业主管部门审查批准，取得《跨地区增值电信业务经营许可证》；业务覆盖范围在一个省、自治区、直辖市行政区域内的，须经省、自治区、直辖市电信管理机构审查批准，取得《增值电信业务经营许可证》。

运用新技术试办《电信业务分类目录》未列出的新型电信业务的，应当向省、自治区、直辖市电信管理机构备案。

第十条　经营基础电信业务，应当具备下列条件：

（一）经营者为依法设立的专门从事基础电信业务的公司，且公司中国有股

权或者股份不少于51%；

（二）有可行性研究报告和组网技术方案；

（三）有与从事经营活动相适应的资金和专业人员；

（四）有从事经营活动的场地及相应的资源；

（五）有为用户提供长期服务的信誉或者能力；

（六）国家规定的其他条件。

第十一条　申请经营基础电信业务，应当向国务院信息产业主管部门提出申请，并提交本条例第十条规定的相关文件。国务院信息产业主管部门应当自受理申请之日起180日内审查完毕，作出批准或者不予批准的决定。予以批准的，颁发《基础电信业务经营许可证》；不予批准的，应当书面通知申请人并说明理由。

第十二条　国务院信息产业主管部门审查经营基础电信业务的申请时，应当考虑国家安全、电信网络安全、电信资源可持续利用、环境保护和电信市场的竞争状况等因素。

颁发《基础电信业务经营许可证》，应当按照国家有关规定采用招标方式。

第十三条　经营增值电信业务，应当具备下列条件：

（一）经营者为依法设立的公司；

（二）有与开展经营活动相适应的资金和专业人员；

（三）有为用户提供长期服务的信誉或者能力；

（四）国家规定的其他条件。

第十四条　申请经营增值电信业务，应当根据本条例第九条第二款的规定，向国务院信息产业主管部门或者省、自治区、直辖市电信管理机构提出申请，并提交本条例第十三条规定的相关文件。申请经营的增值电信业务，按照国家有关规定须经有关主管部门审批的，还应当提交有关主管部门审核同意的文件。国务院信息产业主管部门或者省、自治区、直辖市电信管理机构应当自收到申请之日起60日内审查完毕，作出批准或者不予批准的决定。予以批准的，颁发《跨地区增值电信业务经营许可证》或者《增值电信业务经营许可证》；不予批准的，应当书面通知申请人并说明理由。

第十五条　电信业务经营者在经营过程中，变更经营主体、业务范围或者停止经营的，应当提前90日向原颁发许可证的机关提出申请，并办理相应手续；停止经营的，还应当按照国家有关规定做好善后工作。

第十六条　专用电信网运营单位在所在地区经营电信业务的，应当依照本条例规定的条件和程序提出申请，经批准，取得电信业务经营许可证。

第二节　电信网间互联

第十七条　电信网之间应当按照技术可行、经济合理、公平公正、相互配合的原则，实现互联互通。

主导的电信业务经营者不得拒绝其他电信业务经营者和专用网运营单位提出的互联互通要求。

前款所称主导的电信业务经营者，是指控制必要的基础电信设施并且在电信业务市场中占有较大份额，能够对其他电信业务经营者进入电信业务市场构成实质性影响的经营者。

主导的电信业务经营者由国务院信息产业主管部门确定。

第十八条　主导的电信业务经营者应当按照非歧视和透明化的原则，制定包括网间互联的程序、时限、非捆绑网络元素目录等内容的互联规程。互联规程应当报国务院信息产业主管部门审查同意。该互联规程对主导的电信业务经营者的互联互通活动具有约束力。

第十九条　公用电信网之间、公用电信网与专用电信网之间的网间互联，由网间互联双方按照国务院信息产业主管部门的网间互联管理规定进行互联协商，并订立网间互联协议。

第二十条　网间互联双方经协商未能达成网间互联协议的，自一方提出互联要求之日起60日内，任何一方均可以按照网间互联覆盖范围向国务院信息产业主管部门或者省、自治区、直辖市电信管理机构申请协调；收到申请的机关应当依照本条例第十七条第一款规定的原则进行协调，促使网间互联双方达成协议；自网间互联一方或者双方申请协调之日起45日内经协调仍不能达成协议的，由协调机关随机邀请电信技术专家和其他有关方面专家进行公开论证并提出网间互联方案。协调机关应当根据专家论证结论和提出的网间互联方案作出决定，强制实现互联互通。

第二十一条　网间互联双方必须在协议约定或者决定规定的时限内实现互联互通。遵守网间互联协议和国务院信息产业主管部门的相关规定，保障网间通信畅通，任何一方不得擅自中断互联互通。网间互联遇有通信技术障碍的，双方应当立即采取有效措施予以消除。网间互联双方在互联互通中发生争议的，依照本条例第二十条规定的程序和办法处理。

网间互联的通信质量应当符合国家有关标准。主导的电信业务经营者向其他电信业务经营者提供网间互联，服务质量不得低于本网内的同类业务及向其子公司或者分支机构提供的同类业务质量。

第二十二条　网间互联的费用结算与分摊应当执行国家有关规定，不得在规定标准之外加收费用。

网间互联的技术标准、费用结算办法和具体管理规定，由国务院信息产业主管部门制定。

第三节　电信资费

第二十三条　电信资费实行市场调节价。电信业务经营者应当统筹考虑生产经营成本、电信市场供求状况等因素，合理确定电信业务资费标准。

第二十四条　国家依法加强对电信业务经营者资费行为的监管，建立健全监管规则，维护消费者合法权益。

第二十五条　电信业务经营者应当根据国务院信息产业主管部门和省、自治区、直辖市电信管理机构的要求，提供准确、完备的业务成本数据及其他有关资料。

第四节　电信资源

第二十六条　国家对电信资源统一规划、集中管理、合理分配，实行有偿使用制度。

前款所称电信资源，是指无线电频率、卫星轨道位置、电信网码号等用于实现电信功能且有限的资源。

第二十七条　电信业务经营者占有、使用电信资源，应当缴纳电信资源费。具体收费办法由国务院信息产业主管部门会同国务院财政部门、价格主管部门制定，报国务院批准后公布施行。

第二十八条　电信资源的分配，应当考虑电信资源规划、用途和预期服务能力。

分配电信资源，可以采取指配的方式，也可以采用拍卖的方式。

取得电信资源使用权的，应当在规定的时限内启用所分配的资源，并达到规定的最低使用规模。未经国务院信息产业主管部门或者省、自治区、直辖市电信管理机构批准，不得擅自使用、转让、出租电信资源或者改变电信资源的用途。

第二十九条　电信资源使用者依法取得电信网码号资源后，主导的电信业务经营者和其他有关单位有义务采取必要的技术措施，配合电信资源使用者实现其电信网码号资源的功能。

法律、行政法规对电信资源管理另有特别规定的，从其规定。

第三章　电信服务

第三十条　电信业务经营者应当按照国家规定的电信服务标准向电信用户提供服务。电信业务经营者提供服务的种类、范围、资费标准和时限，应当向社会公布，并报省、自治区、直辖市电信管理机构备案。

电信用户有权自主选择使用依法开办的各类电信业务。

第三十一条　电信用户申请安装、移装电信终端设备的，电信业务经营者应当在其公布的时限内保证装机开通；由于电信业务经营者的原因逾期未能装机开通的，应当每日按照收取的安装费、移装费或者其他费用数额1%的比例，向电信用户支付违约金。

第三十二条　电信用户申告电信服务障碍的，电信业务经营者应当自接到申告之日起，城镇48小时、农村72小时内修复或者调通；不能按期修复或者调通的，应当及时通知电信用户，并免收障碍期间的月租费用。但是，属于电信终端设备的原因造成电信服务障碍的除外。

第三十三条　电信业务经营者应当为电信用户交费和查询提供方便。电信用户要求提供国内长途通信、国际通信、移动通信和信息服务等收费清单的，电信业务经营者应当免费提供。

电信用户出现异常的巨额电信费用时，电信业务经营者一经发现，应当尽可能迅速告知电信用户，并采取相应的措施。

前款所称巨额电信费用，是指突然出现超过电信用户此前 3 个月平均电信费用 5 倍以上的费用。

第三十四条　电信用户应当按照约定的时间和方式及时、足额地向电信业务经营者交纳电信费用；电信用户逾期不交纳电信费用的，电信业务经营者有权要求补交电信费用，并可以按照所欠费用每日加收 3‰的违约金。

对超过收费约定期限 30 日仍不交纳电信费用的电信用户，电信业务经营者可以暂停向其提供电信服务。电信用户在电信业务经营者暂停服务 60 日内仍未补交电信费用和违约金的，电信业务经营者可以终止提供服务，并可以依法追缴欠费和违约金。

经营移动电信业务的经营者可以与电信用户约定交纳电信费用的期限、方式，不受前款规定期限的限制。

电信业务经营者应当在迟延交纳电信费用的电信用户补足电信费用、违约金后的 48 小时内，恢复暂停的电信服务。

第三十五条　电信业务经营者因工程施工、网络建设等原因，影响或者可能影响正常电信服务的，必须按照规定的时限及时告知用户，并向省、自治区、直辖市电信管理机构报告。

因前款原因中断电信服务的，电信业务经营者应当相应减免用户在电信服务中断期间的相关费用。

出现本条第一款规定的情形，电信业务经营者未及时告知用户的，应当赔偿由此给用户造成的损失。

第三十六条　经营本地电话业务和移动电话业务的电信业务经营者，应当免费向用户提供火警、匪警、医疗急救、交通事故报警等公益性电信服务并保障通信线路畅通。

第三十七条　电信业务经营者应当及时为需要通过中继线接入其电信网的集团用户，提供平等、合理的接入服务。

未经批准，电信业务经营者不得擅自中断接入服务。

第三十八条　电信业务经营者应当建立健全内部服务质量管理制度，并可以制定并公布施行高于国家规定的电信服务标准的企业标准。

电信业务经营者应当采取各种形式广泛听取电信用户意见，接受社会监督，不断提高电信服务质量。

第三十九条　电信业务经营者提供的电信服务达不到国家规定的电信服务标准或者其公布的企业标准的，或者电信用户对交纳电信费用持有异议的，电信用户有权要求电信业务经营者予以解决；电信业务经营者拒不解决或者电信用户对解决结果不满意的，电信用户有权向国务院信息产业主管部门或者省、自治区、直辖市电信管理机构或者其他有关部门申诉。收到申诉的机关必须对申诉及时处理，并自收到申诉之日起30日内向申诉者作出答复。

电信用户对交纳本地电话费用有异议的，电信业务经营者还应当应电信用户的要求免费提供本地电话收费依据，并有义务采取必要措施协助电信用户查找原因。

第四十条　电信业务经营者在电信服务中，不得有下列行为：

（一）以任何方式限定电信用户使用其指定的业务；

（二）限定电信用户购买其指定的电信终端设备或者拒绝电信用户使用自备的已经取得入网许可的电信终端设备；

（三）无正当理由拒绝、拖延或者中止对电信用户的电信服务；

（四）对电信用户不履行公开作出的承诺或者作容易引起误解的虚假宣传；

（五）以不正当手段刁难电信用户或者对投诉的电信用户打击报复。

第四十一条　电信业务经营者在电信业务经营活动中，不得有下列行为：

（一）以任何方式限制电信用户选择其他电信业务经营者依法开办的电信服务；

（二）对其经营的不同业务进行不合理的交叉补贴；

（三）以排挤竞争对手为目的，低于成本提供电信业务或者服务，进行不正当竞争。

第四十二条　国务院信息产业主管部门或者省、自治区、直辖市电信管理机构应当依据职权对电信业务经营者的电信服务质量和经营活动进行监督检查，并向社会公布监督抽查结果。

第四十三条　电信业务经营者必须按照国家有关规定履行相应的电信普遍服务义务。

国务院信息产业主管部门可以采取指定的或者招标的方式确定电信业务经营者具体承担电信普遍服务的义务。

电信普遍服务成本补偿管理办法，由国务院信息产业主管部门会同国务院财政部门、价格主管部门制定，报国务院批准后公布施行。

第四章　电信建设

第一节　电信设施建设

第四十四条　公用电信网、专用电信网、广播电视传输网的建设应当接受国务院信息产业主管部门的统筹规划和行业管理。

属于全国性信息网络工程或者国家规定限额以上建设项目的公用电信网、专用电信网、广播电视传输网建设，在按照国家基本建设项目审批程序报批前，应当征得国务院信息产业主管部门同意。

基础电信建设项目应当纳入地方各级人民政府城市建设总体规划和村镇、集镇建设总体规划。

第四十五条　城市建设和村镇、集镇建设应当配套设置电信设施。建筑物内的电信管线和配线设施以及建设项目用地范围内的电信管道，应当纳入建设项目的设计文件，并随建设项目同时施工与验收。所需经费应当纳入建设项目概算。

有关单位或者部门规划、建设道路、桥梁、隧道或者地下铁道等，应当事先通知省、自治区、直辖市电信管理机构和电信业务经营者，协商预留电信管线等事宜。

第四十六条　基础电信业务经营者可以在民用建筑物上附挂电信线路或者设置小型天线、移动通信基站等公用电信设施，但是应当事先通知建筑物产权人或者使用人，并按照省、自治区、直辖市人民政府规定的标准向该建筑物的产权人或者其他权利人支付使用费。

第四十七条　建设地下、水底等隐蔽电信设施和高空电信设施，应当按照国家有关规定设置标志。

基础电信业务经营者建设海底电信缆线，应当征得国务院信息产业主管部门同意，并征求有关部门意见后，依法办理有关手续。海底电信缆线由国务院有关部门在海图上标出。

第四十八条　任何单位或者个人不得擅自改动或者迁移他人的电信线路及其他电信设施；遇有特殊情况必须改动或者迁移的，应当征得该电信设施产权人同意，由提出改动或者迁移要求的单位或者个人承担改动或者迁移所需费用，并赔偿由此造成的经济损失。

第四十九条　从事施工、生产、种植树木等活动，不得危及电信线路或者其他电信设施的安全或者妨碍线路畅通；可能危及电信安全时，应当事先通知有关电信业务经营者，并由从事该活动的单位或者个人负责采取必要的安全防护措施。

违反前款规定，损害电信线路或者其他电信设施或者妨碍线路畅通的，应当恢复原状或者予以修复，并赔偿由此造成的经济损失。

第五十条　从事电信线路建设，应当与已建的电信线路保持必要的安全距离；难以避开或者必须穿越，或者需要使用已建电信管道的，应当与已建电信线路的产权人协商，并签订协议；经协商不能达成协议的，根据不同情况，由国务院信息产业主管部门或者省、自治区、直辖市电信管理机构协调解决。

第五十一条　任何组织或者个人不得阻止或者妨碍基础电信业务经营者依法从事电信设施建设和向电信用户提供公共电信服务；但是，国家规定禁止或者限制进入的区域除外。

第五十二条 执行特殊通信、应急通信和抢修、抢险任务的电信车辆，经公安交通管理机关批准，在保障交通安全畅通的前提下可以不受各种禁止机动车通行标志的限制。

第二节 电信设备进网

第五十三条 国家对电信终端设备、无线电通信设备和涉及网间互联的设备实行进网许可制度。

接入公用电信网的电信终端设备、无线电通信设备和涉及网间互联的设备，必须符合国家规定的标准并取得进网许可证。

实行进网许可制度的电信设备目录，由国务院信息产业主管部门会同国务院产品质量监督部门制定并公布施行。

第五十四条 办理电信设备进网许可证的，应当向国务院信息产业主管部门提出申请，并附送经国务院产品质量监督部门认可的电信设备检测机构出具的检测报告或者认证机构出具的产品质量认证证书。

国务院信息产业主管部门应当自收到电信设备进网许可申请之日起60日内，对申请及电信设备检测报告或者产品质量认证证书审查完毕。经审查合格的，颁发进网许可证；经审查不合格的，应当书面答复并说明理由。

第五十五条 电信设备生产企业必须保证获得进网许可的电信设备的质量稳定、可靠，不得降低产品质量和性能。

电信设备生产企业应当在其生产的获得进网许可的电信设备上粘贴进网许可标志。

国务院产品质量监督部门应当会同国务院信息产业主管部门对获得进网许可证的电信设备进行质量跟踪和监督抽查，公布抽查结果。

第五章 电信安全

第五十六条 任何组织或者个人不得利用电信网络制作、复制、发布、传播含有下列内容的信息：

（一）反对宪法所确定的基本原则的；

（二）危害国家安全，泄露国家秘密，颠覆国家政权，破坏国家统一的；

（三）损害国家荣誉和利益的；

（四）煽动民族仇恨、民族歧视，破坏民族团结的；

（五）破坏国家宗教政策，宣扬邪教和封建迷信的；

（六）散布谣言，扰乱社会秩序，破坏社会稳定的；

（七）散布淫秽、色情、赌博、暴力、凶杀、恐怖或者教唆犯罪的；

（八）侮辱或者诽谤他人，侵害他人合法权益的；

（九）含有法律、行政法规禁止的其他内容的。

第五十七条　任何组织或者个人不得有下列危害电信网络安全和信息安全的行为：

（一）对电信网的功能或者存储、处理、传输的数据和应用程序进行删除或者修改；

（二）利用电信网从事窃取或者破坏他人信息、损害他人合法权益的活动；

（三）故意制作、复制、传播计算机病毒或者以其他方式攻击他人电信网络等电信设施；

（四）危害电信网络安全和信息安全的其他行为。

第五十八条　任何组织或者个人不得有下列扰乱电信市场秩序的行为：

（一）采取租用电信国际专线、私设转接设备或者其他方法，擅自经营国际或者香港特别行政区、澳门特别行政区和台湾地区电信业务；

（二）盗接他人电信线路，复制他人电信码号，使用明知是盗接、复制的电信设施或者码号；

（三）伪造、变造电话卡及其他各种电信服务有价凭证；

（四）以虚假、冒用的身份证件办理入网手续并使用移动电话。

第五十九条　电信业务经营者应当按照国家有关电信安全的规定，建立健全内部安全保障制度，实行安全保障责任制。

第六十条　电信业务经营者在电信网络的设计、建设和运行中，应当做到与国家安全和电信网络安全的需求同步规划，同步建设，同步运行。

第六十一条　在公共信息服务中，电信业务经营者发现电信网络中传输的信息明显属于本条例第五十六条所列内容的，应当立即停止传输，保存有关记录，并向国家有关机关报告。

第六十二条　使用电信网络传输信息的内容及其后果由电信用户负责。

电信用户使用电信网络传输的信息属于国家秘密信息的，必须依照保守国家秘密法的规定采取保密措施。

第六十三条　在发生重大自然灾害等紧急情况下，经国务院批准，国务院信息产业主管部门可以调用各种电信设施，确保重要通信畅通。

第六十四条　在中华人民共和国境内从事国际通信业务，必须通过国务院信息产业主管部门批准设立的国际通信出入口局进行。

我国内地与香港特别行政区、澳门特别行政区和台湾地区之间的通信，参照前款规定办理。

第六十五条　电信用户依法使用电信的自由和通信秘密受法律保护。除因国家安全或者追查刑事犯罪的需要，由公安机关、国家安全机关或者人民检察院依照法律规定的程序对电信内容进行检查外，任何组织或者个人不得以任何理由对电信内容进行检查。

电信业务经营者及其工作人员不得擅自向他人提供电信用户使用电信网络所传输信息的内容。

第六章　罚则

第六十六条　违反本条例第五十六条、第五十七条的规定，构成犯罪的，依法追究刑事责任；尚不构成犯罪的，由公安机关、国家安全机关依照有关法律、行政法规的规定予以处罚。

第六十七条　有本条例第五十八条第（二）、（三）、（四）项所列行为之一，扰乱电信市场秩序，构成犯罪的，依法追究刑事责任；尚不构成犯罪的，由国务院信息产业主管部门或者省、自治区、直辖市电信管理机构依据职权责令改正，没收违法所得，处违法所得3倍以上5倍以下罚款；没有违法所得或者违法所得不足1万元的，处1万元以上10万元以下罚款。

第六十八条　违反本条例的规定，伪造、冒用、转让电信业务经营许可证、电信设备进网许可证或者编造在电信设备上标注的进网许可证编号的，由国务院信息产业主管部门或者省、自治区、直辖市电信管理机构依据职权没收违法所得，处违法所得3倍以上5倍以下罚款；没有违法所得或者违法所得不足1万元的，处1万元以上10万元以下罚款。

第六十九条　违反本条例规定，有下列行为之一的，由国务院信息产业主管部门或者省、自治区、直辖市电信管理机构依据职权责令改正，没收违法所得，处违法所得3倍以上5倍以下罚款；没有违法所得或者违法所得不足5万元的，处10万元以上100万元以下罚款；情节严重的，责令停业整顿：

（一）违反本条例第七条第三款的规定或者有本条例第五十八条第（一）项所列行为，擅自经营电信业务的，或者超范围经营电信业务的；

（二）未通过国务院信息产业主管部门批准，设立国际通信出入口进行国际通信的；

（三）擅自使用、转让、出租电信资源或者改变电信资源用途的；

（四）擅自中断网间互联互通或者接入服务的；

（五）拒不履行普遍服务义务的。

第七十条　违反本条例的规定，有下列行为之一的，由国务院信息产业主管部门或者省、自治区、直辖市电信管理机构依据职权责令改正，没收违法所得，处违法所得1倍以上3倍以下罚款；没有违法所得或者违法所得不足1万元的，处1万元以上10万元以下罚款；情节严重的，责令停业整顿：

（一）在电信网间互联中违反规定加收费用的；

（二）遇有网间通信技术障碍，不采取有效措施予以消除的；

（三）擅自向他人提供电信用户使用电信网络所传输信息的内容的；

（四）拒不按照规定缴纳电信资源使用费的。

第七十一条　违反本条例第四十一条的规定，在电信业务经营活动中进行不正当竞争的，由国务院信息产业主管部门或者省、自治区、直辖市电信管理机构依据职权责令改正，处10万元以上100万元以下罚款；情节严重的，责令停业整顿。

第七十二条　违反本条例的规定，有下列行为之一的，由国务院信息产业主管部门或者省、自治区、直辖市电信管理机构依据职权责令改正，处5万元以上50万元以下罚款；情节严重的，责令停业整顿：

（一）拒绝其他电信业务经营者提出的互联互通要求的；

（二）拒不执行国务院信息产业主管部门或者省、自治区、直辖市电信管理机构依法作出的互联互通决定的；

（三）向其他电信业务经营者提供网间互联的服务质量低于本网及其子公司或者分支机构的。

第七十三条　违反本条例第三十三条第一款、第三十九条第二款的规定，电信业务经营者拒绝免费为电信用户提供国内长途通信、国际通信、移动通信和信息服务等收费清单，或者电信用户对交纳本地电话费用有异议并提出要求时，拒绝为电信用户免费提供本地电话收费依据的，由省、自治区、直辖市电信管理机构责令改正，并向电信用户赔礼道歉；拒不改正并赔礼道歉的，处以警告，并处5000元以上5万元以下的罚款。

第七十四条　违反本条例第四十条的规定，由省、自治区、直辖市电信管理机构责令改正，并向电信用户赔礼道歉，赔偿电信用户损失；拒不改正并赔礼道歉、赔偿损失的，处以警告，并处1万元以上10万元以下的罚款；情节严重的，责令停业整顿。

第七十五条　违反本条例的规定，有下列行为之一的，由省、自治区、直辖市电信管理机构责令改正，处1万元以上10万元以下的罚款：

（一）销售未取得进网许可的电信终端设备的；

（二）非法阻止或者妨碍电信业务经营者向电信用户提供公共电信服务的；

（三）擅自改动或者迁移他人的电信线路及其他电信设施的。

第七十六条　违反本条例的规定，获得电信设备进网许可证后降低产品质量和性能的，由产品质量监督部门依照有关法律、行政法规的规定予以处罚。

第七十七条　有本条例第五十六条、第五十七条和第五十八条所列禁止行为之一，情节严重的，由原发证机关吊销电信业务经营许可证。

国务院信息产业主管部门或者省、自治区、直辖市电信管理机构吊销电信业务经营许可证后，应当通知企业登记机关。

第七十八条　国务院信息产业主管部门或者省、自治区、直辖市电信管理机构工作人员玩忽职守、滥用职权、徇私舞弊，构成犯罪的，依法追究刑事责任；尚不构成犯罪的，依法给予行政处分。

第七章　附则

第七十九条　外国的组织或者个人在中华人民共和国境内投资与经营电信业务和香港特别行政区、澳门特别行政区与台湾地区的组织或者个人在内地投资与经营电信业务的具体办法，由国务院另行制定。

第八十条　本条例自公布之日起施行。

附录七　基础设施和公用事业特许经营管理办法

国家发展和改革委员会、财政部、住房和城乡建设部、交通运输部、水利部、中国人民银行令第25号

《基础设施和公用事业特许经营管理办法》业经国务院同意，现予以发布，自2015年6月1日起施行。

国家发展和改革委员会主任　徐绍史
财政部部长　楼继伟
住房和城乡建设部部长　陈政高
交通运输部部长　杨传堂
水利部部长　陈雷
中国人民银行行长　周小川
二〇一五年四月二十五日

基础设施和公用事业特许经营管理办法

第一章　总则

第一条　为鼓励和引导社会资本参与基础设施和公用事业建设运营，提高公

共服务质量和效率，保护特许经营者合法权益，保障社会公共利益和公共安全，促进经济社会持续健康发展，制定本办法。

第二条　中华人民共和国境内的能源、交通运输、水利、环境保护、市政工程等基础设施和公用事业领域的特许经营活动，适用本办法。

第三条　本办法所称基础设施和公用事业特许经营，是指政府采用竞争方式依法授权中华人民共和国境内外的法人或者其他组织，通过协议明确权利义务和风险分担，约定其在一定期限和范围内投资建设运营基础设施和公用事业并获得收益，提供公共产品或者公共服务。

第四条　基础设施和公用事业特许经营应当坚持公开、公平、公正，保护各方信赖利益，并遵循以下原则：

（一）发挥社会资本融资、专业、技术和管理优势，提高公共服务质量效率；

（二）转变政府职能，强化政府与社会资本协商合作；

（三）保护社会资本合法权益，保证特许经营持续性和稳定性；

（四）兼顾经营性和公益性平衡，维护公共利益。

第五条　基础设施和公用事业特许经营可以采取以下方式：

（一）在一定期限内，政府授予特许经营者投资新建或改扩建、运营基础设施和公用事业，期限届满移交政府；

（二）在一定期限内，政府授予特许经营者投资新建或改扩建、拥有并运营基础设施和公用事业，期限届满移交政府；

（三）特许经营者投资新建或改扩建基础设施和公用事业并移交政府后，由政府授予其在一定期限内运营；

（四）国家规定的其他方式。

第六条　基础设施和公用事业特许经营期限应当根据行业特点、所提供公共产品或服务需求、项目生命周期、投资回收期等综合因素确定，最长不超过30 年。

对于投资规模大、回报周期长的基础设施和公用事业特许经营项目（以下简称特许经营项目）可以由政府或者其授权部门与特许经营者根据项目实际情况，约定超过前款规定的特许经营期限。

第七条 国务院发展改革、财政、国土、环保、住房城乡建设、交通运输、水利、能源、金融、安全监管等有关部门按照各自职责，负责相关领域基础设施和公用事业特许经营规章、政策制定和监督管理工作。

县级以上地方人民政府发展改革、财政、国土、环保、住房城乡建设、交通运输、水利、价格、能源、金融监管等有关部门根据职责分工，负责有关特许经营项目实施和监督管理工作。

第八条 县级以上地方人民政府应当建立各有关部门参加的基础设施和公用事业特许经营部门协调机制，负责统筹有关政策措施，并组织协调特许经营项目实施和监督管理工作。

第二章 特许经营协议订立

第九条 县级以上人民政府有关行业主管部门或政府授权部门（以下简称项目提出部门）可以根据经济社会发展需求，以及有关法人和其他组织提出的特许经营项目建议等，提出特许经营项目实施方案。

特许经营项目应当符合国民经济和社会发展总体规划、主体功能区规划、区域规划、环境保护规划和安全生产规划等专项规划、土地利用规划、城乡规划、中期财政规划等，并且建设运营标准和监管要求明确。

项目提出部门应当保证特许经营项目的完整性和连续性。

第十条 特许经营项目实施方案应当包括以下内容：

（一）项目名称；

（二）项目实施机构；

（三）项目建设规模、投资总额、实施进度，以及提供公共产品或公共服务的标准等基本经济技术指标；

（四）投资回报、价格及其测算；

（五）可行性分析，即降低全生命周期成本和提高公共服务质量效率的分析估算等；

（六）特许经营协议框架草案及特许经营期限；

（七）特许经营者应当具备的条件及选择方式；

（八）政府承诺和保障；

（九）特许经营期限届满后资产处置方式；

（十）应当明确的其他事项。

第十一条　项目提出部门可以委托具有相应能力和经验的第三方机构，开展特许经营可行性评估，完善特许经营项目实施方案。

需要政府提供可行性缺口补助或者开展物有所值评估的，由财政部门负责开展相关工作。具体办法由国务院财政部门另行制定。

第十二条　特许经营可行性评估应当主要包括以下内容：

（一）特许经营项目全生命周期成本、技术路线和工程方案的合理性，可能的融资方式、融资规模、资金成本，所提供公共服务的质量效率，建设运营标准和监管要求等；

（二）相关领域市场发育程度，市场主体建设运营能力状况和参与意愿；

（三）用户付费项目公众支付意愿和能力评估。

第十三条　项目提出部门依托本级人民政府根据本办法第八条规定建立的部门协调机制，会同发展改革、财政、城乡规划、国土、环保、水利等有关部门对特许经营项目实施方案进行审查。经审查认为实施方案可行的，各部门应当根据职责分别出具书面审查意见。

项目提出部门综合各部门书面审查意见，报本级人民政府或其授权部门审定特许经营项目实施方案。

第十四条　县级以上人民政府应当授权有关部门或单位作为实施机构负责特许经营项目有关实施工作，并明确具体授权范围。

第十五条　实施机构根据经审定的特许经营项目实施方案，应当通过招标、竞争性谈判等竞争方式选择特许经营者。

特许经营项目建设运营标准和监管要求明确、有关领域市场竞争比较充分的，应当通过招标方式选择特许经营者。

第十六条 实施机构应当在招标或谈判文件中载明是否要求成立特许经营项目公司。

第十七条 实施机构应当公平择优选择具有相应管理经验、专业能力、融资实力以及信用状况良好的法人或者其他组织作为特许经营者。鼓励金融机构与参与竞争的法人或其他组织共同制定投融资方案。

特许经营者选择应当符合内外资准入等有关法律、行政法规规定。

依法选定的特许经营者，应当向社会公示。

第十八条 实施机构应当与依法选定的特许经营者签订特许经营协议。

需要成立项目公司的，实施机构应当与依法选定的投资人签订初步协议，约定其在规定期限内注册成立项目公司，并与项目公司签订特许经营协议。

特许经营协议应当主要包括以下内容：

（一）项目名称、内容；

（二）特许经营方式、区域、范围和期限；

（三）项目公司的经营范围、注册资本、股东出资方式、出资比例、股权转让等；

（四）所提供产品或者服务的数量、质量和标准；

（五）设施权属，以及相应的维护和更新改造；

（六）监测评估；

（七）投融资期限和方式；

（八）收益取得方式，价格和收费标准的确定方法以及调整程序；

（九）履约担保；

（十）特许经营期内的风险分担；

（十一）政府承诺和保障；

（十二）应急预案和临时接管预案；

（十三）特许经营期限届满后，项目及资产移交方式、程序和要求等；

（十四）变更、提前终止及补偿；

（十五）违约责任；

（十六）争议解决方式；

（十七）需要明确的其他事项。

第十九条　特许经营协议根据有关法律、行政法规和国家规定，可以约定特许经营者通过向用户收费等方式取得收益。

向用户收费不足以覆盖特许经营建设、运营成本及合理收益的，可由政府提供可行性缺口补助，包括政府授予特许经营项目相关的其他开发经营权益。

第二十条　特许经营协议应当明确价格或收费的确定和调整机制。特许经营项目价格或收费应当依据相关法律、行政法规规定和特许经营协议约定予以确定和调整。

第二十一条　政府可以在特许经营协议中就防止不必要的同类竞争性项目建设、必要合理的财政补贴、有关配套公共服务和基础设施的提供等内容作出承诺，但不得承诺固定投资回报和其他法律、行政法规禁止的事项。

第二十二条　特许经营者根据特许经营协议，需要依法办理规划选址、用地和项目核准或审批等手续的，有关部门在进行审核时，应当简化审核内容，优化办理流程，缩短办理时限，对于本部门根据本办法第十三条出具书面审查意见已经明确的事项，不再作重复审查。

实施机构应当协助特许经营者办理相关手续。

第二十三条　国家鼓励金融机构为特许经营项目提供财务顾问、融资顾问、银团贷款等金融服务。政策性、开发性金融机构可以给予特许经营项目差异化信贷支持，对符合条件的项目，贷款期限最长可达 30 年。探索利用特许经营项目预期收益质押贷款，支持利用相关收益作为还款来源。

第二十四条　国家鼓励通过设立产业基金等形式入股提供特许经营项目资本金。鼓励特许经营项目公司进行结构化融资，发行项目收益票据和资产支持票据等。

国家鼓励特许经营项目采用成立私募基金，引入战略投资者，发行企业债券、项目收益债券、公司债券、非金融企业债务融资工具等方式拓宽投融资渠道。

第二十五条　县级以上人民政府有关部门可以探索与金融机构设立基础设施和公用事业特许经营引导基金，并通过投资补助、财政补贴、贷款贴息等方式，支持有关特许经营项目建设运营。

第三章　特许经营协议履行

第二十六条　特许经营协议各方当事人应当遵循诚实信用原则，按照约定全面履行义务。

除法律、行政法规另有规定外，实施机构和特许经营者任何一方不履行特许经营协议约定义务或者履行义务不符合约定要求的，应当根据协议继续履行、采取补救措施或者赔偿损失。

第二十七条　依法保护特许经营者合法权益。任何单位或者个人不得违反法律、行政法规和本办法规定，干涉特许经营者合法经营活动。

第二十八条　特许经营者应当根据特许经营协议，执行有关特许经营项目投融资安排，确保相应资金或资金来源落实。

第二十九条　特许经营项目涉及新建或改扩建有关基础设施和公用事业的，应当符合城乡规划、土地管理、环境保护、质量管理、安全生产等有关法律、行政法规规定的建设条件和建设标准。

第三十条　特许经营者应当根据有关法律、行政法规、标准规范和特许经营协议，提供优质、持续、高效、安全的公共产品或者公共服务。

第三十一条　特许经营者应当按照技术规范，定期对特许经营项目设施进行检修和保养，保证设施运转正常及经营期限届满后资产按规定进行移交。

第三十二条　特许经营者对涉及国家安全的事项负有保密义务，并应当建立和落实相应保密管理制度。

实施机构、有关部门及其工作人员对在特许经营活动和监督管理工作中知悉的特许经营者商业秘密负有保密义务。

第三十三条　实施机构和特许经营者应当对特许经营项目建设、运营、维修、保养过程中有关资料，按照有关规定进行归档保存。

第三十四条　实施机构应当按照特许经营协议严格履行有关义务，为特许经营者建设运营特许经营项目提供便利和支持，提高公共服务水平。

行政区划调整，政府换届、部门调整和负责人变更，不得影响特许经营协议履行。

第三十五条　需要政府提供可行性缺口补助的特许经营项目，应当严格按照预算法规定，综合考虑政府财政承受能力和债务风险状况，合理确定财政付费总额和分年度数额，并与政府年度预算和中期财政规划相衔接，确保资金拨付需要。

第三十六条　因法律、行政法规修改，或者政策调整损害特许经营者预期利益，或者根据公共利益需要，要求特许经营者提供协议约定以外的产品或服务的，应当给予特许经营者相应补偿。

第四章　特许经营协议变更和终止

第三十七条　在特许经营协议有效期内，协议内容确需变更的，协议当事人应当在协商一致基础上签订补充协议。如协议可能对特许经营项目的存续债务产生重大影响的，应当事先征求债权人同意。特许经营项目涉及直接融资行为的，应当及时做好相关信息披露。

特许经营期限届满后确有必要延长的，按照有关规定经充分评估论证，协商一致并报批准后，可以延长。

第三十八条　在特许经营期限内，因特许经营协议一方严重违约或不可抗力等原因，导致特许经营者无法继续履行协议约定义务，或者出现特许经营协议约定的提前终止协议情形的，在与债权人协商一致后，可以提前终止协议。

特许经营协议提前终止的，政府应当收回特许经营项目，并根据实际情况和协议约定给予原特许经营者相应补偿。

第三十九条　特许经营期限届满终止或提前终止的，协议当事人应当按照特许经营协议约定，以及有关法律、行政法规和规定办理有关设施、资料、档案等的性能测试、评估、移交、接管、验收等手续。

第四十条　特许经营期限届满终止或者提前终止，对该基础设施和公用事业继续采用特许经营方式的，实施机构应当根据本办法规定重新选择特许经营者。

因特许经营期限届满重新选择特许经营者的，在同等条件下，原特许经营者优先获得特许经营。

新的特许经营者选定之前，实施机构和原特许经营者应当制定预案，保障公共产品或公共服务的持续稳定提供。

第五章　监督管理和公共利益保障

第四十一条　县级以上人民政府有关部门应当根据各自职责，对特许经营者执行法律、行政法规、行业标准、产品或服务技术规范，以及其他有关监管要求进行监督管理，并依法加强成本监督审查。

县级以上审计机关应当依法对特许经营活动进行审计。

第四十二条　县级以上人民政府及其有关部门应当根据法律、行政法规和国务院决定保留的行政审批项目对特许经营进行监督管理，不得以实施特许经营为名违法增设行政审批项目或审批环节。

第四十三条　实施机构应当根据特许经营协议，定期对特许经营项目建设运营情况进行监测分析，会同有关部门进行绩效评价，并建立根据绩效评价结果、按照特许经营协议约定对价格或财政补贴进行调整的机制，保障所提供公共产品或公共服务的质量和效率。

实施机构应当将社会公众意见作为监测分析和绩效评价的重要内容。

第四十四条　社会公众有权对特许经营活动进行监督，向有关监管部门投诉，或者向实施机构和特许经营者提出意见建议。

第四十五条　县级以上人民政府应当将特许经营有关政策措施、特许经营部门协调机制组成以及职责等信息向社会公开。

实施机构和特许经营者应当将特许经营项目实施方案、特许经营者选择、特许经营协议及其变更或终止、项目建设运营、所提供公共服务标准、监测分析和绩效评价、经过审计的上年度财务报表等有关信息按规定向社会公开。

特许经营者应当公开有关会计数据、财务核算和其他有关财务指标，并依法接受年度财务审计。

第四十六条　特许经营者应当对特许经营协议约定服务区域内所有用户普遍地、无歧视地提供公共产品或公共服务，不得对新增用户实行差别待遇。

第四十七条　实施机构和特许经营者应当制定突发事件应急预案，按规定报有关部门。突发事件发生后，及时启动应急预案，保障公共产品或公共服务的正常提供。

第四十八条　特许经营者因不可抗力等原因确实无法继续履行特许经营协议的，实施机构应当采取措施，保证持续稳定提供公共产品或公共服务。

第六章　争议解决

第四十九条　实施机构和特许经营者就特许经营协议履行发生争议的，应当协商解决。协商达成一致的，应当签订补充协议并遵照执行。

第五十条　实施机构和特许经营者就特许经营协议中的专业技术问题发生争议的，可以共同聘请专家或第三方机构进行调解。调解达成一致的，应当签订补充协议并遵照执行。

第五十一条　特许经营者认为行政机关作出的具体行政行为侵犯其合法权益的，有陈述、申辩的权利，并可以依法提起行政复议或者行政诉讼。

第五十二条　特许经营协议存续期间发生争议，当事各方在争议解决过程中，应当继续履行特许经营协议义务，保证公共产品或公共服务的持续性和稳定性。

第七章　法律责任

第五十三条　特许经营者违反法律、行政法规和国家强制性标准，严重危害公共利益，或者造成重大质量、安全事故或者突发环境事件的，有关部门应当责令限期改正并依法予以行政处罚；拒不改正、情节严重的，可以终止特许经营协议；构成犯罪的，依法追究刑事责任。

第五十四条　以欺骗、贿赂等不正当手段取得特许经营项目的，应当依法收回特许经营项目，向社会公开。

第五十五条　实施机构、有关行政主管部门及其工作人员不履行法定职责、干预特许经营者正常经营活动、徇私舞弊、滥用职权、玩忽职守的，依法给予行政处分；构成犯罪的，依法追究刑事责任。

第五十六条　县级以上人民政府有关部门应当对特许经营者及其从业人员的不良行为建立信用记录，纳入全国统一的信用信息共享交换平台。对严重违法失信行为依法予以曝光，并会同有关部门实施联合惩戒。

第八章　附则

第五十七条　基础设施和公用事业特许经营涉及国家安全审查的，按照国家有关规定执行。

第五十八条　法律、行政法规对基础设施和公用事业特许经营另有规定的，从其规定。

本办法实施之前依法已经订立特许经营协议的，按照协议约定执行。

第五十九条　本办法由国务院发展改革部门会同有关部门负责解释。

第六十条　本办法自 2015 年 6 月 1 日起施行。

参考文献

[1] 保民，冯陶陶．电信网络不对称价格规制的福利效应——中国的移动通信市场为例［C］．第五届经济学年会，2005.

[2] 卞彬．论我国公用事业行业的垄断及其规制[J]. 探索，2006（1）：91－94.

[3] 查尔斯·沃尔夫．市场或政府［M］．北京：中国人民大学出版社，1994.

[4] 陈代云．产业组织与公共政策：规制抑或放松规制？[J]. 外国经济与管理，2000（6）：7－12.

[5] 陈宪．中国体制转型期政府微观经济职能的思考[J]. 上海大学学报，2000（3）：62－68.

[6] 陈志成．行政垄断的多维解读[J]. 中国行政管理，2002（3）：22－24.

[7] 崔秀荣．试论我国反垄断立法应如何规制行政垄断[J]. 经济体制改革，2001（5）：27－29.

[8] 邓保同．论行政性垄断[J]. 法学评论，1998（4）：27－29.

[9] 冯务中．制度有效性理论论纲[J]. 理论与改革，2005（5）：15－19.

[10] 何立胜．规制政府的理论范式与制度选择[J]. 社会科学，2005（7）：22－28.

[11] 姜春海．自然垄断理论述评[J]. 经济评论，2004（2）：50－55.

[12] 姜广东．中国行政垄断规制方式探究[J]．大连海事大学学报，2007(6)：27－31.

[13] 金玉国．行业所有制垄断与行业劳动力价格[J]．山西财经大学学报，2001，23 (3)：11－14.

[14] 孔小红．垄断在我国经济中的作用[J]．财贸研究，2007 (3)：146－147.

[15] 李海燕．论政府管制在我国公共服务改革中的适用[J]．社会科学战线，2004 (5)：168－171.

[16] 李怀．自然垄断理论的演进形态与特征[J]．经济与管理研究，2006(8)：26－33.

[17] 李莉，张玉田．中国邮政体制规制改革模式初探[J]．价格月刊，2003(1)：18－19.

[18] 廖成林，王璐．公用事业产量隐性下政府管制的有效性分析[J]．中国软科学，2005 (1)：140－144.

[19] 刘东勋．自然垄断产业放松管制的产业组织动因——以电信业为例[J]．系统管理学报，2007 (1)：36－46.

[20] 刘建伟，张思锋．我国行政垄断的危害及规制[J]．理论导刊，2003(5)：12－14.

[21] 刘阳平，叶元煦．电力产业的自然垄断特征分析[J]．哈尔滨工程大学学报，1999，20 (5)：94－99.

[22] 娄成武，郑文范．公用事业管理学 [M]．北京：高等教育出版社，2002.

[23] 吕晓萍．对我国行政垄断现状的分析[J]．当代经济研究，2002 (3)：44－46.

[24] 马茹萍．反垄断法应规制行政垄断[J]．经营与管理，2007 (2)：6－8.

[25] 聂孝红．行政垄断纳入我国反垄断法的必要性[J]．河北法学，2007，

25 (2): 83 -89.

[26] 乔红，刘会政. 入世后中国电信服务业的发展及促进措施[J]. 中国信息界，2006 (23): 52 -53.

[27] 沈剑飞，张文泉. 自然垄断的起因与属性分析[J]. 管理世界，2001 (6): 195 -196.

[28] 盛杰民. 竞争法视野中的行政垄断[J]. 中国工商管理研究，2000 (4): 17 -19.

[29] 宋健峰，袁汝华. 政策评估指标体系的构建[J]. 统计与决策，2006 (22): 63 -64.

[30] 宋则. 反垄断理论研究[J]. 经济学家，2001 (1): 31 -33.

[31] 王保树. 企业联合与制止垄断[J]. 法学研究，1990 (1): 35 -36.

[32] 王冰. 公用事业规制中的非线性定价及福利改进——以全球通和神州行为例[J]. 数量经济技术经济研究，2004，21 (6): 53 -63.

[33] 王博钊，贾红英，徐英倩. 技术进步对自然垄断判定的影响——自然垄断的动态分析[J]. 山西财经大学学报，2005，27 (5): 1 -5.

[34] 王俊豪，周小梅. 中国自然垄断产业民营化改革与政府管制政策[M]. 北京：经济管理出版社，2004.

[35] 王俊豪. 垄断性产业市场结构重组后的分类管制与协调政策——以中国电信、电力产业为例[J]. 中国工业经济，2005 (11): 67 -73.

[36] 王俊豪. 中国基础设施产业政府管制体制改革的若干思考——以英国政府管制体制改革为鉴[J]. 经济研究，1997 (10): 36 -42.

[37] 王乐夫，许文惠. 行政管理学 [M] . 北京：高等教育出版社，2000.

[38] 王鸥. 中国电信业的发展与产业政策的演变[J]. 中国经济史研究，2000 (4): 87 -101.

[39] 王瑞祥. 政策评估的理论、模型与方法[J]. 预测，2003 (3): 6 -11.

[40] 王晓帆. 现阶段经济行政垄断问题初探[J]. 西安建筑科技大学学报，2005 (2): 46.

［41］王学庆等．管制垄断——垄断性行业的政府管制［M］．中国水利水电出版社，2004.

［42］王阳．论反垄断法一般理论及基本制度[J]. 中国法学，1997(2)：22－24.

［43］吴勇．公共政策评估标准初探[J]. 科技管理研究，2007，27（3）：27－29.

［44］肖兴志，孙阳．规制影响评价理论与方法研究[J]. 中国产业经济评论（第三辑），2006：99－117.

［45］肖兴志．英国日本规制改革模式比较及体制成因[J]. 经济研究，2000（108）：75－77.

［46］肖兴志．中国自然垄断产业规制改革模式研究[J]. 中国工业经济，2002（4）：34－35.

［47］徐自华．从自然垄断属性的变化看我国电信产业的改革[J]. 技术经济与管理研究，2005（3）：59－60.

［48］薛克鹏．行政垄断的非垄断性及其规制[J]. 天津师范大学学报，2007（3）：9－14.

［49］杨兰品．行政垄断问题研究述评[J]. 经济评论，2005（6）：114－119.

［50］于立，姜春海．规模经济与自然垄断的关系探讨[J]. 首都经济贸易大学学报，2002，4（5）：5－9.

［51］于立，肖兴志．垄断理论演进综述[J]. 经济学动态，2000（6）：70－73.

［52］于良春．论自然垄断与自然垄断产业的政府规制[J]. 中国工业经济，2004（2）：27－33.

［53］于良春．自然垄断与政府规制——基本理论与政策分析［M］．北京：经济科学出版社，2003.

［54］余晖．管制的经济理论与过程分析[J]. 经济研究，1994（5）：50－54.

[55] 余晖．政府与企业：从宏观管理到微观管制［M］．福州：福建人民出版社，1997.

[56] 余石．经济控制引论［M］．成都：西南财经大学出版社，2000.

[57] 张德霖．论我国现阶段的垄断和反垄断法[J]. 经济研究，1996（6）：57－62.

[58] 张丽娜．合同规制：我国城市公用事业市场化中规制改革新趋向[J]. 中国行政管理，2007（10）：92－95.

[59] 张淑芳．行政垄断的成因分析及法律对策[J]. 法学研究，1999（4）：101－111.

[60] 张维迎，盛洪．从电信业看中国的反垄断问题[J]. 改革，1998（2）：66－75.

[61] 张志强．自然垄断与电信业的价格规制[J]. 电信软科学研究，2005（4）：11－20.

[62] 赵卓，孙燕东．网络型基础产业规制依据的理论分析及思考[J]. 经济问题，2006（1）：19－20.

[63] 赵宗博，柏亚琴．关于我国行政垄断问题的若干思考[J]. 中国西部科技，2004（12）：20－25.

[64] 植草益．微观规制经济学［M］．北京：中国发展出版社，1992.

[65] 周显志，林润祥，李莹．加强和完善行政垄断的法律规制[J]. 统计与决策，2004（2）：30－31.

[66] 周昕．合理行政垄断的法律界定[J]. 行政与法，2001（5）：88－90.

[67] 朱彤．可竞争市场理论述评[J]. 教学与研究，2000（11）：59－64.

[68] Baron D. P.，R. Myerson. Regulation a Monopolist with Unknown Costs [J]. Econometrica，1982（50）：911－930.

[69] Bo Yang，Xiao－Wo Tang，Yong－Kai Ma. Effciency Analysis and Regulate Price of Natural Monopoly Industry [J]. Dianzi Keji Daxue Xuebao/Journal of the University of Electronic Science and Technology of China，2006，35（4）：567－569.

[70] Bogetoft P., Nielsen K. DEA Based Yardstick Competition in Natural Resource Management [J]. Recent Accomplishments in Applied Forest Economics Research, 2003 (74): 103 - 125.

[71] Buchnev. Particularities in Improving the Prices for Products of Natural Monopolies [J]. Gazovaya Promyshlennost, 2002 (10): 84 - 86.

[72] Calzolari G., Gremaq. The Theory and Practice of Regulation with Multinational Enterprises [J]. Journal of Regulatory Economics, 2001 (20): 2191 - 2211.

[73] Chang H. H., Mashruwala R. Was the Bell System a Natural Monopoly? An Application of Data Envelopment Analysis [J]. Annals of Operations Research, 2006 (145): 251 - 263.

[74] Collette M., J. Leitzinger. A Retrospective Look at Wholesale Gas: Industry Restructuring [J]. Journal of Regulatory Economics, 2002, 21 (1): 79 - 101.

[75] Crew M. A., P. R. Kleindorfer. Regulatory Economics: Twenty Years of Progress. Journal of Regulatory Economics [J]. 2002 (21): 15 - 22.

[76] Crew M. A., P. R. Kleindorfer. A Critique of the Theory of Incentive Regulation: Implications for the Design of Performance Based Regulation for Postal Service [M] //Future Directions in Postal Reform, Edited by M. A. Crew, and P. R. Kleindorfer. Boston. MA: Kluwer Academic Publishers, 2001.

[77] Dai - An Li, Chen Zhong. Measures for Breaking Down Monopoly of Chinese Railway [J]. Journal of Traffic and Transportation Engineering, 2005, 5 (3): 87 - 92.

[78] Daniel Flores. Price Cap Regulation in the Mexican Telephone Industry [J]. Information Economics and Policy, 2005, 17 (2): 231 - 246.

[79] Demsetz H. Why Regulate Utilities? [J]. Journal of Law and Economics, 1968 (11): 55 - 65.

[80] Deng - Wei Duan, Jun - Yong Liu, Huai - Ping Niu, Ji - Guang Wu. Research on Distribution Electricity Market Based on Yardstick Competition Mode

[J]. Power System Technology, 2005, 29 (8): 8 - 13.

[81] Dennis L. Weisman. Is there "Hope" for Price Cap Regulation? [J]. Information Economics and Policy, 2002, 14 (3): 349 - 370.

[82] Diewert W. E., K. J. Fox. Incentive Indexes for Regulated Industries [J]. Journal of Regulatory Economics, 2000 (17): 5 - 24.

[83] Don Coursey, R. Mark Isaac, Vernon L. Smith. Natural Monopoly and Contested Markets: Some Experimental Results [J]. Journal of Law and Economics, 1984, 27 (1): 91 - 113.

[84] D. P. Tibilov. Research of Factors and the Parameters Determining an Overall Performance of Subjects of the Coal Market During Reforming of Natural Monopolies [J]. Ugol', 2005 (11): 30 - 32.

[85] D. P. Tibilov. The Time Periods of Reforming of Natural Monopolies and Their Interrelation with Subjects of the Coal Market [J]. Ugol', 2005 (12): 42.

[86] D. V. Gordon, K. Gunsch, C. V. Pawluk. A Natural Monopoly in Natural Gas Transmission [J]. Energy Economics, 2003, 25 (5): 473 - 485.

[87] Eduardo Recordon, Hugh Rudnick. Distribution Access Pricing: Application of the OFTEL Rule to a Yardstick Competition Scheme [J]. IEEE Transactions on Power Systems, 2002, 17 (4): 1001 - 1007.

[88] Elisabetta Iossa, Francesca Stroffolini. Price Cap Regulation and Information Acquisition [J]. International Journal of Industrial Organization, 2002, 20 (7): 1013 - 1036.

[89] Elisabetta Iossa, Francesca Stroffolini. Price Cap Regulation, Revenue Sharing and Information Acquisition [J]. Information Economics and Policy, 2005, 17 (2): 217 - 230.

[90] Ephraim Clark, Joshy Z. Easaw. Optimal Access Pricing for Natural Monopoly Networks When Costs are Sunk and Revenues are Uncertain [J]. European Journal of Operational Research, 2007, 178 (2): 595 - 602.

[91] Ernest J. Wilson Ⅲ, Kelvin Wong. African Information Revolution: A Balance Sheet [J]. Telecommunications Policy, 2003, 27 (1-2): 155-177.

[92] Federico Revelli, Per Tovmo. Revealed Yardstick Competition: Local Government Efficiency Patterns in Norway [J]. Journal of Urban Economics, 2007, 62 (1): 121-134.

[93] Felder F. A. The End of a Natural Monopoly: Deregulation and Competition in the Electric Power Industry [J]. Energy Journal, 2004, 25 (4): 135-138.

[94] Fraser R. W. The Relationship Between the Costs and Prices of a Multi-Produce Monopoly: The Role of Price-cap Regulation [J]. Journal of Industrial Economics, 1995 (8): 23-31.

[95] F. Gasmi, J. J. Laffont, W. W. Sharkey. The Natural Monopoly Test Reconsidered: An Engineering Process-based Approach to Empirical Analysis in Telecommunications [J]. International Journal of Industrial Organization, 2002, 20 (4): 435-459.

[96] George J. Stigler, Claire Friedland. What Can Regulators Regulate? The Case of Electricity [J]. Journal of Law and Economics, 1962 (5): 1-16.

[97] G. Becker. A Theory of Competition among Pressure Groups for Political Influence [J]. Quarlerly Journal of Economics, 1983 (98): 371-400.

[98] G. Becker. Public Policies, Pressure Groups, and Dead Weight Costs [J]. Journal of Public Economics, 1985 (98): 330-377.

[99] G. Stigler, C. J. Frieldland. What can the Regulators Regulate: The Case of Electricity [J]. Journal of Law and Economics, 1962 (5): 1-16.

[100] G. Stigler. The Theory of Economic Regulation [J]. Bell Journal of Economics, 1971 (2): 3-21.

[101] H. Leibenstein. Allocative Efficiency vs X-efficiency [J]. American Economic Review, 1966 (56): 392-415.

[102] Henry C. Simons. Economic Policy for a Free Society [M]. Chicago: U-

niversity of Chicago Press, 1948.

[103] Huang Y. The Relation Between Market Structure and Technological Innovation: Theoretical Evolution and Policy Suggestions for China's Industrial Organizations [J]. International Conference on Management Science And Engineering, 2001 (1): 1233 - 1238.

[104] H. Averch and L. Johnson. Behavior of the Firm Under Regulatory Constraint [J]. American Economic Review, 1962 (12): 20.

[105] Jun - Jun Zheng, Hong Yin, Xian - Jia Wang. Incentive Mechanism Design for Public Goods Provision: Price Cap Regulation and Optimal Regulation [J]. Wuhan University Journal of Natural Sciences, 2005, 10 (5): 817 - 822.

[106] J. J. Laffont, Jean Tirole. Optimal Bypass and Cream Skimming [J]. American Economic Review, 1990, 80 (5): 1042 - 1061.

[107] J. J. Laffont, Jean Tirole. The Dynamics of Incentive Contract [J]. Econometrica, 1988, 56 (5): 1153 - 1175.

[108] J. J. Laffont, Jean Tirole. The Politics of Government Decision - making: A Theory of Regulatory Capture [M]. Quarterly Journal of Economics, 1991, 106 (4): 1089 - 1127.

[109] J. J. Laffont, Jean Tirole. Using Cost Observation to Regulate Firms [J]. Journal of Political Economy, 1986, 94 (3): 614 - 641.

[110] J. J. Laffont. The New Economics of Regulation Ten Years After [J]. Econometrica, 1994, 62 (3): 507 - 537.

[111] J. C. Panzer, R. D. Willig. Free Entry and the Sustainability of Natural Monopoly [J]. Bell Journal of Economics, 1977 (8): 1 - 22.

[112] J. M. Quigley. Regulation and Property Values in the United States: The High Cost of Monopoly [J]. Land Policies and Their Outcomes, 2007: 46 - 67.

[113] Kaisa Kotakorpi. Access Price Regulation, Investment and Entry in Telecommunications [J]. International Journal of Industrial Organization, 2006, 24 (5):

1013 - 1020.

[114] Kovacic W. Economic Regulation and the Courts 1982 to 2001: Ten Cases That Made a Difference [J]. Journal of Regulatory Economics, 2002, 21 (1): 23 - 34.

[115] Kwoka J. E. The Role of Competition in Natural Monopoly: Costs, Public Ownership, and Regulation [J]. Review of Industrial Organization, 2006, 29 (1 - 2): 127 - 147.

[116] Laffont J., J. Tirole. Creating Competition Through Interconnection: Theory and Practice [J]. Journal of Regulatory Economics, 1996 (10): 227 - 256.

[117] Laffont J., J. Tirole. Separation of Regulators Against Collusive Behavior [J]. Rand Journal of Economics, 1999, 30 (2): 232 - 262.

[118] Laffont J., J. Tirole. Access Pricing and Competition [J]. European Economic Review, 1994: 38.

[119] Leibenstein H. Allocative Efficiency Versus X - eficciency [J]. American Economic Review, 1966 (56): 392 - 415.

[120] Li Q. Case Study of Institutional Economics China' s Reform in the Natural Monopoly of Public Utilities [J]. International Conferece on Public Administration, 2005: 69 - 77.

[121] Liao X. W., Lu T. J. Natural Monopoly Theory Based on Workable Competition and Seller Quantity [J]. The 16th International Conference on Computer Communication, 2004 (1): 1836 - 1839.

[122] Luigi Brighi and Marcello D' Amato. Two - dimensional Screening: A Case of Monopoly Regulation [J]. Research in Economics, 2002, 56 (3): 251 - 264.

[123] Luis Otavio Facanha, Marcelo Resende. Price Cap Regulation, Incentives and Quality: The Case of Brazilian Telecommunications [J]. International Journal of Production Economics, 2004, 92 (2): 133 - 144.

[124] Marcelo Resende, Luis Otavio Facanha. Price – Cap Regulation and Service – Quality in Telecommunications: An Empirical study [J]. Information Economics and Policy, 2005, 17 (1): 1 –12.

[125] Marcelo Resende. Relative Efficiency Measurement and Prospects for Yardstick Competition in Brazilian Electricity Distribution [J]. Energy Policy, 2002, 30 (8): 637 –647.

[126] Martin Peitz. Asymmetric Access Price Regulation in Telecommunications Markets [J]. European Economic Review, 2005, 49 (2): 341 –358.

[127] Massimo Bordignon, Floriana Cerniglia, Federico Revelli. In Search of Yardstick Competition: A Spatial Analysis of Italian Municipality Property Tax Setting [J]. Journal of Urban Economics, 2003, 54 (2): 199 –217.

[128] Massimo Bordignon, Floriana Cerniglia, Federico Revelli. Yardstick Competition in Intergovernmental Relationships: Theory and Empirical Predictions [J]. Economics Letters, 2004, 83 (3): 325 –333.

[129] Milton Friedman. Capitalism and Freedom [M] . Chicago: University of Chicago Press, 1948.

[130] M. G. Fugini, E. Orlandi. Impact of Legislation on Database Design and Maintenance in Public AdminiStration and Utilities [J]. Ruan Jian Xue Bao/Journal of Software, 2002, 13 (3): 317 –329.

[131] Neu W. Allocative Inefficiency Properties of Price – cap Regulation [J]. Journal of Regulatory Economics, 1993 (5): 159 –182.

[132] Noel D. Uri, Florence O. Setzer. The Price Cap Plan for Regulating Local Exchange Carriers in the USA [J]. International Journal of Services, Technology and Management, 2005, 6 (1): 76 –90.

[133] O. O. Ivashkina, A. V. Karibskii, Yu. R. Shishorin. Control of Economic Safety of the Developing Natural Monopolies: Modeling and Automation [J]. Ⅱ. Avtomatika i Telemekhanika, 2004 (8): 133 –155.

[134] O. O. Ivashkina, A. V. Karibskij, Y. R. Shishorin. Simulation and Automation of Control Process in Development Security of Natural MonopoliesI [J]. Avtomatika i Telemekhanika, 2004 (7): 82 -95.

[135] Paul M. Sotkiewicz, Lynne Holt. Public Utility Commission Regulation and Cost - effectiveness [J]. The electricity Journal, 2005, 18 (8): 68 -80.

[136] Paula Sarmento, Antonio Brandao. Access Pricing: A Comparison Between Full Deregulation and Two Alternative Instruments of Access Price Regulation, Cost - based and Retail - minus [J]. Telecommunications Policy, 2007, 31 (5): 236 -250.

[137] Phil Burns, Cloda Jenkins, Christoph Riechmann. The Role of Benchmarking for Yardstick Competition [J]. Utilities Policy, 2005, 13 (4): 302 -309.

[138] Posner Richard A. Theories of Economic Regulation [J]. Bell Journal of Economics and Management Science, 1974 (5): 335 -393.

[139] Posner R. A. Natural Monopoly and its Regulation [J]. Standord Law Review, 1969 (21): 548 -643.

[140] P. A. J. Fonseka, G. B. Shrestha. Network Expansion Under the Frameworks of Regulated Monopoly and Merchant Transmission [C] . International Conference on Power System Technology, 2004: 1716 -1721.

[141] P. P. Labzunov. Prospects for Development of Chemical and Petrochemical Industry in Russia in Connection with Increase in Prices for Energy Resources and Products of Natural Monopolies [J]. Khimicheskaya Promyshlennost, 2002 (8): 3 -10.

[142] Qx. Tullock. the Welfare Costs of Tariff, Monopolies and Theft [J]. Western Economics Journal, 1967 (5): 224 -232.

[143] Revelli F. Performance Rating and Yardstick Competition in Social Service Provision [J]. Journal of Public Economics, 2006, 90 (3): 459 -475.

[144] Richard A. Posner. The Social Costs of Monopoly and Regulation [J]. Journal of Political Economy, 1975, 83 (4): 807 -827.

[145] Rui Cunha Marques. A Yardstick Competition Model for Portuguese Water and Sewerage Services Regulation [J]. Utilities Policy, 2006, 14 (3): 175 -184.

[146] Salant D. Auctions and Regulation: Reengineering of Regulatory Mechanisms [J]. Journal of Regulatory Economics, 2000, 17 (3): 195 -204.

[147] Sappington D. E. M. Price Regulation and Incentives [M] //M. Cave, S. Majumdar, I. Vogelsang. Handbook of Telecommunications Economics [M]. Amsterdam: Elsevier Publishers, 2002.

[148] Sappington, D. E. M. Optimal Regulation of a Multi - product Monopoly with Unknown Technological Capabilities [J]. Bell Journal of Economics, 1983 (14): 453 -463.

[149] Serge Garcia, Alban Thomas. Regulation of Public Utilities Under Asymmetric Information: The Case of Municipal Water Supply in France [J]. Environmental and Resource Economics, 2003, 26 (1): 145 -162.

[150] Shleifer A. A Theory of Yardstick Competition [J]. Rand Journal of Economics, 1985 (16): 132 -136.

[151] Sh. Sajfullin. Renovation of Fixed Assets of Natural Monopolie [J]. Gazovaya Promyshlennost, 2002, (9): 37 -41.

[152] Sirait M. M., Parikesit D. Integration for Public Transportation in Urban Area under Natural Monopoly and Competition among Operators: A Case Study of Yogyakarta, Indonesia [J]. The Eastern Asia Society For Transportation Studies, 2001, 3 (1): 151 -163.

[153] S. Peltzman. Towards A More General Theory of Regulation [J]. Journal of Law and Economics, 1976 (19): 211 -240.

[154] Thomas P. Tangeras. Collusion - proof Yardstick Competition [J]. Journal of Public Economics, 2002, 83 (2): 231 -254.

[155] Tollison R. D., Wagner R. E. The Logic of Natural Monopoly Regulation [J]. Eastern Economic Journal, 1991, 17 (4): 483 -490.

[156] Tooraj Jamasb, Michael Pollitt. Discussion of " Distribution Access Pricing: Application of the OFTEL Rule to a Yardstick Competition Scheme" [J]. IEEE Transactions on Power Systems, 2004, 19 (4): 2113 - 2115.

[157] Tschirhart J. Monopoly Power and the Existence of Natural Monopoly in Energy Utilities [J]. Resource and Energy Economics, 1995 (17): 327 - 340.

[158] T. C. Papavramides, P. Source Aupee. Achieving Sustainable Performance in Natural Monopolies—The role of Strategic Planning in the European Air Navigation Services [C] . IEEE International Engineering Management Conference: Innovation and Entrepreneurship for Sustainable Development, 2004: 214 - 218.

[159] Vogelsand I. Incentive Regulation and Competition in Public Utility Markets: A 20 Year Perspective [J]. Journal of Regulatory Economics, 2002, 22 (1): 5 - 17.

[160] Vogelsand I. Price Regulation for Independent Transmission Companies [J]. Journal of Regulatory Economics, 2001, 20 (2): 141 - 165.

[161] Vogelsang I. A Little Paradox in the Design of Regulatory Mechanisms [J]. International Economic Review, 1988 (29): 467 - 476.

[162] V. S. Ajodhia, L. Olmos, R. A. Hakvoort. Benchmarking Investments Under Price - cap Regulation [C] . 2005 International Conference on Future Power Systems, 2005: 160.

[163] Weaver R. D. R&D Incentives for GM Seeds: Restricted Monopoly, Non - market Effects, and Regulation [J]. Regulation of Agricultural Biotechnology, 2004: 143 - 151.

[164] William J. Baumol. On the Proper Cost Tests for Natural Monopoly in a Multiproduct Industry [J]. The American Economic Review, 1977, 67 (5): 809 - 822.

[165] WU D. J. , Kleindorfer P. R. Competitive Options, Supply Contracting, and Electronic Markets [J]. Management Science, 2005, 51 (3): 452 - 466.

[166] W. J. Baumol, J. C. Panzar, R. D. Willig. Contestable Markets and the Theory of Industry Structure [M] . New Yok: Harcourt Brace Jovanovich, 1982.

[167] W. J. Baumol, J. Geanakopolos, P. Klemperer. Multi – market Oligopoly [J]. Journal of Political Economy, 1985 (93): 488 –511.

[168] W. J. Baumol. Contestable Markets: An Uprising in the Theory of Industry Structure [J]. American Economic Review, 1982 (72): 1 –15.

[169] W. J. Baumol, R. D. Willig. Fixed Cost' Sunk Cost. Entry Barriers and Sustainability of Monopoly [J]. Quarterly Journal of Economics, 1981 (96): 405 –432.

[170] W. J. Baumol, R. D. Willig. Contestability: Developments since the Book [J]. Oxford Economic Papers, 1986 (38): 2.

[171] W. J. Baumol, E. E. Bailey, R. D. Willig. Weak Invisible Hand Theoremos on the Sustainability of Price in a Multiproduct Monopoly [J]. American Economic Review, 1977 (67): 350 –365.

[172] Xian – Jia Wang, Dong Han, Hong Yin, De – Bin Fang. Mechanism Design for Franchise Bidding in Regional District Distribution Service [J]. Zhongguo Dianji Gongcheng Xuebao/Proceedings of the Chinese Society of Electrical Engineering, 2006, 26 (20): 39 –44.

[173] Xie B. An Argumentation on Management System Innovation of Western Local Government in China [J]. International Conferece on Public Administration, 2005 (21 –22): 197 –207.

[174] Yong Guo, Angang Hu. The Administrative Monopoly in China's Economic Transition [J]. Communist and Post – communist Studies, 2004, 37 (2): 265 –280.

[175] Zhang Yong, Zhang Shi Ying, Liu Jian Xin. Competition Game Analysis Between Public Enterprises [J]. Transactions of Tianjin University, 2002: 60 –64.

[176] Zhao H. R. , Qi J. X. , Zeng M. An Analysis of Models for Price Regulation on Natural Monopoly Industry and Transmission & Distribution Service [C] . 2003 International Conference On Management Science & Engineering, 2003 (1): 2175 –2182.

后　记

本书是在尊敬的导师于渤教授的关怀和精心支持下完成的。于教授渊博的学识、谦虚严谨的治学态度、高尚的敬业精神以及平易近人、诲人不倦的作风令我受益匪浅。从本书的选题到深入展开的各个关键阶段，直至本书的撰写与修改，于教授无不倾注了大量的心血。于教授锐意进取的治学精神和厚德载物的处世哲学将是我一生学习的榜样。值此书完成之际，谨向尊敬的于渤教授表示由衷的谢意！

衷心感谢我的硕士导师米加宁教授。米教授在我硕士期间为我奠定了坚实的管理学知识基础和良好的学习习惯，并且他在繁忙的教学、科研工作中，抽出宝贵的时间多次对我的写作进行指导，提出很多非常宝贵的意见和建议，给我很多的启发和帮助。在此向米加宁教授致以深深的谢意！

衷心感谢鞠晓峰教授、石春生教授、朱彬教授等在我写作本书的过程中给我提出的宝贵意见和建议。

感谢我的同学黄福玉博士、杨洋博士、王龙博士在本书完成过程中给予的极大支持和帮助。

感谢吴伟伟同学、李大宇同学、王忠礼同学、张睿同学、满小莉同学、裴学亮同学，在我学习和生活中给予的关心和帮助，和你们一起，我留下了很多难忘的回忆。

感谢我的父母、姐姐长期以来在我的生活、学习和精神上所给予我的支持和鼓励，你们的支持与鼓励是我前进的最大动力，谨以此书献给你们！

至此，从1997年我进入哈尔滨工业大学读本科起，我在哈尔滨工业大学读书已整整十年了，俗话说：十年寒窗苦！如今我终于切身体会到了这十年之苦。尽管书已写就，而我却丝毫没有那种如释重负的感觉，十年中的一个个不眠之夜仿佛就在昨天，除了继续以饱满的热情和加倍的努力投入到新的工作岗位中去之外，我已别无选择。

最后要感谢的是哈尔滨工业大学，这个我学习、生活了十年的地方，这个我挥洒了青春、汗水与泪水的校园，这个既让我品尝了失败的痛苦，也品尝了成功的喜悦，并从这种感悟中得到成长的永远也不会忘记的地方。

修国英

2016年12月于哈尔滨